I0033743

Histoire de la Politique Agricole au Bénin de 1960 à 2021

Objectifs, Instruments et Résultats

Laurent Oloukoi

Title: Histoire de la Politique Agricole au Bénin de 1960 à 2021

Objectifs, Instruments et Résultats

ISBN: 979-8-88676-461-1

Author: Laurent Oloukoi

Cover image: www.pixabay.com

Publisher: Generis Publishing
Online orders: www.generis-publishing.com
Contact email: info@generis-publishing.com

Dédicace

La dédicace de ce livre est partagée en quatre :

- Pour Caroline et les enfants,
- Pour M. Patrice Y. ADEGBOLA, Maître de Recherche en Agroéconomie,
- En la mémoire du feu Professeur Fulbert AMOUSSOUGA GERO,
- Pour vous qui lisez cet ouvrage.

Recevez ceci comme un témoignage de profonde et affectueuse reconnaissance.

Avant-propos

Ce livre a pour origine une panoplie d'expériences accumulées tout au long de mon parcours. D'abord à l'Institut National des Recherches Agricoles du Bénin (INRAB) où j'occupai pendant une dizaine d'années les fonctions d'économiste des filières agricoles et d'analyste des politiques agricoles. C'est le lieu pour moi de remercier M. Patrice Y. Adégbola pour tout ce moment d'apprentissage auprès de lui. Ensuite à l'Université d'Abomey-Calavi où j'obtins ma thèse dont le thème est : *Politiques Agricoles et Compétitivité de l'Agriculture au Bénin* » sous la direction du Feu Fulbert AMOUSSOUGA GERO. Je salue sa mémoire. Puis à l'Université de Parakou où je dispense le cours de politique agricole aux étudiants de troisième année de licence. Le livre s'adresse prioritairement aux étudiants, aux chercheurs et à tous ceux qui sont en charge de la gestion des politiques agricoles car ils pourront y trouver les grandes périodes de l'histoire de la politique agricole du Bénin, les objectifs poursuivis, les instruments de politique mis en œuvre et les principaux résultats obtenus sans occulter les controverses théoriques existantes sur l'analyse des politiques agricoles.

Table des matières

Liste des tableaux

Liste des figures

Résumé

L'histoire de l'évolution de la politique agricole au Bénin de 1960 à 2021 affiche six grandes périodes : la période des indépendances caractérisée par une politique agricole axée sur le développement des filières d'exportation, la période de l'étatisation de l'économie de type marxiste-léniniste avec comme vision l'augmentation de la production agricole, la période de l'économie socialiste de marché, la période de diversification agricole avec un retour progressif du secteur privé, la décennie des approches filière et chaîne de valeur et l'ère de la territorialisation du développement agricole. Les mesures de politique agricole mises en œuvre au cours de la période 1960-2021 ont certainement permis de répondre à un certain nombre d'impératifs en matière de croissances économique et agricole. Si les mesures mises en œuvre sont pertinentes au regard des impératifs de développement, force est cependant de constater qu'en visant seulement la sphère productive, elles occultent des considérations liées au marché. Le résultat en est une remise en cause continuelle des politiques agricoles en fonction des gouvernements et leur éternel ajustement. Au regard des analyses faites de l'évolution de l'histoire de la politique agricole au Bénin, certains constats pertinents se dégagent à savoir : des objectifs de politique agricole généralement orientés vers la production, des objectifs de politique agricole mal formulés et des instruments inadéquats et l'absence de règles.

1. Introduction

La période 1960-2021 a vu la société béninoise affronter plusieurs réformes en matière de politique agricole aussi diverses que variées. Dans la gestion de l'agriculture de la période 1960-2021, quatre sous-périodes peuvent être retenues : 1960 à 1972 marquée par le développement des cultures industrielles avec pour objectif principal l'approvisionnement des usines de la métropole en matières premières ; 1972 à 1982, celle de l'étatisation de l'économie ; 1982-1989, marquée par des réformes consécutives au constat d'échec de l'étatisation avec comme corollaire la mise en place d'une « économie socialiste de marché » à la béninoise ; 1990 à 2006 avec le renouveau économique caractérisée par une politique de diversification agricole ; 2006 à 2016 caractérisée par le prolongement de la diversification agricole mais avec l'émergence de nouvelles approches telles que approche filière et chaîne de valeur ; 2016 à 2021 avec la politique de territorialisation du développement agricole. Chacune de ces périodes est analysée dans cet ouvrage du point de vue des objectifs poursuivis, des instruments mis en œuvre et des résultats obtenus. Mais avant, l'ouvrage fait une esquisse des agricultures africaine et béninoise afin d'en cerner les fonctionnements, les performances et les contraintes.

1.1. L'agriculture africaine

L'agriculture constitue dans les pays d'Afrique un secteur clé en termes d'emploi, de valeur ajoutée et d'amélioration de la sécurité alimentaire des populations. Du point de vue de la sécurité alimentaire, la production agricole africaine couvre environ 80 % des besoins alimentaires. Selon les statistiques de l'Union Africaine, ces trente dernières années, la production agricole africaine a connu un accroissement de plus de 160 %. Cette progression, bien que n'ayant pas suivi la croissance de la population africaine dans son ensemble, est tout de même nettement supérieure au taux de croissance de la production agricole mondiale sur la même période. La production céréalière, les rendements et les surfaces exploitées se sont accrus respectivement de 125 %, 32 % et 70 % en trente ans. Au cours de la même période, la productivité par actif agricole a été multipliée par 1,6 contre environ 3 en Asie. Les gains de productivité agricole en Afrique ont été obtenus dans une large mesure par une expansion continue des cultures pluviales, en particulier, les cultures vivrières, sur des terres de plus en plus marginales et/ou par la réduction des périodes traditionnelles de jachère entre deux cycles de culture. En se référant aux données de African Development Indicators, l'agriculture a représenté en moyenne environ 18% du Produit Intérieur Brut Africain entre 1960 et 2019. Il est à noter que cette part a suivi une tendance baissière sur la période considérée. Le taux de croissance de la valeur ajoutée agricole africaine a évolué en dent de scie avec une stabilisation autour de 2,8% en moyenne. Mesurée par actif agricole, elle est en moyenne de 500 dollars US à prix constant avec comme année de base l'année 2000.

De par ses nombreux atouts (grande variété de zones agroécologiques, abondance des forêts ombrophiles marquées par deux saisons des pluies, immense potentiel en termes de denrées et produits agricoles, etc.), l'agriculture africaine a son rôle à jouer dans la résolution des priorités continentales que sont l'éradication de la pauvreté et de la faim, la dynamisation du commerce intra-africain et des investissements, l'industrialisation rapide et la diversification économique, la gestion durable de nos ressources et de l'environnement et la création d'emplois, la sécurité et la prospérité partagée tel que envisagé dans le rapport intitulé « Les agricultures africaines : Transformations et Perspectives » du Nouveau Partenariat pour le développement de l'Afrique (NEPAD).

Cependant, il est à constater que l'agriculture africaine ne contribue pas encore, comme on l'aurait souhaité, à la réalisation de certains objectifs clés en matière de développement. Les objectifs comme éliminer la faim et l'insécurité alimentaire, devenir un acteur majeur des marchés agricoles internationaux peinent à être une réalité. Tout porte à croire que les immenses ressources : terres cultivables, eaux, climat favorable, main-d'œuvre abondante, savoirs faire, immense marché... ne sont pas encore utiles au profit du développement de ce continent. Alors qu'une solide croissance agricole est reconnue nécessaire pour lutter contre la pauvreté et financer les investissements sociaux, l'agriculture africaine peine à s'intégrer dans l'économie du continent. C'est là le rôle des politiques agricoles qui devraient favoriser les investissements massifs dans l'agriculture et l'agro-industrie pour compléter les réformes initiées au niveau macroéconomique.

En vue d'amener l'agriculture africaine à assurer convenablement ses fonctions, plusieurs réformes de politiques agricoles sont initiées aussi bien sur le plan continental que dans les différentes régions du continent. D'abord, nous avons la mise en place du Programme Détaillé pour le Développement de l'Agriculture

Africaine (PDDAA) dans le cadre du Nouveau Partenariat pour le Développement de l'Afrique (NEPAD). L'initiative du NEPAD va ensuite conduire plusieurs régions du continent à développer des politiques agricoles régionales. C'est ainsi qu'en 2005, la CEDEAO adoptait l'ECOWAP qui va accoucher en 2010 d'un programme régional d'investissements agricoles. En juin 2013, la SADC va engager le même processus qui se terminera par l'adoption de la Politique agricole régionale (RAP). La politique agricole commune de l'Afrique centrale verra le jour en juillet 2013 pour ce qui concerne la CEEAC. En Afrique de l'Est, une politique agricole et de développement rural est élaborée en 2006 avec l'adoption en 2011 d'un plan d'action sur la sécurité alimentaire. Tous ces paquets de mesures sont renforcés par l'élaboration dans les pays de programmes nationaux d'investissement agricoles et l'échelle continentale par la création d'une zone de libre-échange. Le tableau 1 fait le point succinct des politiques agricoles mises en œuvre sur le continent : les objectifs visés et les types d'actions à mettre en œuvre.

Il est à remarquer malgré tout que des défis demeurent pour l'agriculture africaine. Ces défis sont tels qu'ils jettent des doutes sur l'efficacité réelles des politiques agricoles élaborées et mises en œuvre sur le continent. Ces défis sont l'aggravation des transactions courantes avec de forts déficits, la faiblesse de la croissance du PIB agricole, la baisse des productivités et de la compétitivité agricoles, etc. Cet ouvrage se propose d'élaborer des règles de politique agricole en vue de contribuer à relever les défis énumérés plus haut. L'ouvrage privilégie deux objectifs principaux de politique agricole : la croissance du PIB agricole et l'amélioration de la compétitivité externe de l'agriculture africaine. Mais avant, il nous plait dans cette introduction d'exposer les débats ayant cours généralement sur l'analyse de la politique agricole.

1.2.   L'état de l'agriculture au Bénin

Au Bénin, le secteur agricole demeure donc un secteur prépondérant dans l'économie béninoise comme dans celle des pays de l'Afrique Subsaharienne. Conformément au diagnostic fait dans le Plan Stratégique de développement du secteur agricole (PSDSA), en 2015, le secteur occupe environ 70% de la population active, contribue pour près de 33% au PIB, fournit environ 75% des recettes d'exportation et 15% des recettes de l'Etat. Selon le Rapport de

Performances du Secteur Agricole (2019), au terme de la campagne 2019-2020, il ressort que :

- La production céréalière a connu un accroissement de 3,2% par rapport à 2018. Cette tendance est surtout due aux performances enregistrées par les cultures Maïs et Riz (8% et 2% respectivement). La production des autres cultures du groupe des céréales (sorgho, fonio, mil, etc.) est pratiquement restée stable.
- Au niveau des racines et tubercules, la production a connu un accroissement de 2,8% entre 2018 et 2019. Dans ce groupe, le manioc a connu un accroissement de 4,7% par rapport à 2018 alors que les autres cultures ont un accroissement relativement faible.
- Les légumineuses ont connu un accroissement de 16,1%. Cette tendance est due à la culture du soja dont la production a connu un accroissement de 44,2%.
- Les cultures Maraîchères ont connu une baisse de production de 1,5%. Cette tendance est due principalement aux cultures d'oignon et de piment pour lesquelles les productions ont régressé de 3,8% et 15%.

Malheureusement, le secteur agricole béninois fait encore face à plusieurs contraintes parmi lesquelles la faiblesse des productivités. Les productivités par actif agricole ont baissé de 2%, 18%, et 9% respectivement dans les secteurs du coton, des noix de cajou et des racines et tubercules. La productivité totale des facteurs a connu une chute d'environ 9%). Les rendements par hectare des principales productions sont restés en deçà des rendements moyens au niveau mondial. Pour les principales céréales notamment le maïs, le riz et le sorgho, les rendements moyens par hectare sur les trois dernières années sont respectivement de 1,2 tonne, 2,4 tonnes, et 0,9 tonne contre des rendements moyens mondiaux respectifs de 4 tonnes, 3,5 tonnes et 2 tonnes. Pour les cultures industrielles que sont le coton et l'anacarde, les rendements sont aussi en deçà du niveau mondial (respectivement de 1,1 tonne et 0,2 tonne contre 1,5 tonne et 1,2 tonne au niveau mondial).

Le secteur agricole béninois est caractérisé depuis 1990 par une pluralité de réformes avec les différents gouvernements. Cette variété de réformes traduit en fait la difficulté de coordonner en un seul document de stratégie, des stratégies éparses, et souvent spontanées élaborées en fonction de faits marquants l'actualité. Si les objectifs poursuivis par ces documents de stratégie sont pertinents au regard des impératifs de développement en ce sens qu'ils visent (i) l'amélioration des productivités et de la compétitivité agricoles ; (ii) la sécurité alimentaire et nutritionnelle des populations ; et (iii) la garantie d'une gestion durable des terres, des zones d'élevage et des zones des pêcheries, force est cependant de constater qu'ils occultent des considérations d'ordre macroéconomique et de compétitivité du secteur agricole. Le résultat en est une remise en cause continuelle des politiques agricoles en fonction des gouvernements et leur éternel ajustement. Le PSDSA, par ailleurs fait état de ce que l'analyse de la programmation des interventions dans le secteur révèle des insuffisances au nombre desquelles on peut citer : (i) une programmation insuffisamment concertée, (ii) une insuffisance de leadership du MAEP pour la coordination et le pilotage des interventions dans le secteur agricole, (iii) une insuffisance de dialogue inter-acteurs du secteur agricole et (iv) une insuffisance de cohérence, de coordination et de synergie des interventions. Cet état de fait soulève une problématique importante avec la question centrale de l'efficacité des mesures de politique agricole qui mérite d'être posée.

1.3. Objectif de l'ouvrage

L'enjeu du débat en analyse de politique agricole est généralement de déterminer si les mesures prises sont efficientes et donc permettent de réaliser les objectifs de développement et de bien-être collectif. C'est ainsi que pour atteindre ces objectifs, la société béninoise a vu se succédées plusieurs orientations de politique agricole depuis 1960.

Comme nous l'avons mentionné dans la première section de l'introduction, cet ouvrage contribue à informer les lecteurs sur l'histoire de la politique agricole du Bénin de 1960 à 2021. Les différents objectifs de politique agricole, les instruments et stratégies mis en œuvre pour atteindre les objectifs ainsi que les principaux résultats sont méthodiquement scrutés avec des perspectives. De ce point de vue l'ouvrage répond à un triple questionnement sur :

- Les objectifs de politique agricole mise en œuvre au Bénin sont-ils pertinents ?
- Les instruments de politique agricole formulés sont-ils adéquats ?
- Les résultats obtenus ont-ils permis contribués à la résolution des objectifs de croissance économique et de réduction de pauvreté ?

Pour nous, ces trois problématiques font partie des débats auxquels la science économique est en droit d'apporter des réponses les plus idoines en vue du développement économique et social du pays. Nous faisons dès lors le choix d'intégrer l'agriculture dans la science économique académique en prenant pour socle de référence la conception de l'intervention publique. La politique agricole s'inscrit ainsi clairement dans les principes directeurs d'une politique économique générale. Cela nous donne la liberté de faire l'économie politique de la politique agricole du Bénin en faisant une analyse de ses objectifs, de ses instruments et de ses résultats.

Cet ouvrage se propose de mettre à la disposition des chercheurs et étudiants, des experts, des intellectuels, des organisations de la société civile et des décideurs des informations nécessaires sur l'évolution de la politique agricole du Bénin de 1960 à 2021. Mais avant, il importe de faire une synthèse des débats théoriques existant sur l'analyse de politique agricole.

2. Débats sur l'analyse de politique agricole

Les controverses sur l'analyse de politique agricole concernent principalement la définition qu'il faut donner à ce concept. Thierry Pouch aborde les grands thèmes abordés dans ces débats notamment l'efficacité de la politique agricole par rapport au marché, l'instabilité des marchés agricoles comme argument principal justifiant la mise en œuvre de la politique agricole, le souci de promouvoir la fonction économique de l'agriculture, la nécessité de prendre en compte l'aspect politique dans la formulation des objectifs de politique agricole et la compétitivité ainsi que le souci de ne pas évincer la petite exploitation. A chacun de ces grands thèmes, nous ajoutons la situation du Bénin en mettant l'accent sur quelques faits stylisés.

2.1. La politique agricole, un mode d'affectation efficace des ressources

La théorie de l'autorégulation a énoncé que le mécanisme du marché encourage automatiquement les bonnes pratiques et détruit les mauvaises. Par mécanisme du marché, il faut entendre un système selon lequel l'offre, la demande et les prix réussissent à s'équilibrer parfaitement. Dès lors, les agents économiques sont capables d'établir par eux-mêmes leurs propres décisions et choix sans aucune aide du gouvernement. Cependant, le marché peut être soumis à des distorsions, toute chose entraînant une variation instable des agrégats du marché (prix, offre, demande). Cette situation va amener les partisans de l'interventionnisme étatique a convoqué le rôle clé des gouvernements sur les marchés agricoles. Les interventions gouvernementales peuvent être classées en deux catégories : les interventions orientées vers l'efficience et les autres interventions ayant des objectifs autres que l'efficience (Stiglitz, 1987 ; Sadoulet et De Janvry, 1995). S'agissant des interventions orientées vers l'efficience, elles sont motivées par l'existence de biens publics, d'externalités, d'économie d'échelle, de coût de transaction et d'informations imparfaites, etc. En ce qui concerne les interventions orientées vers d'autres objectifs, l'on distingue la réduction de la pauvreté et la redistribution des revenus, le maintien de l'équité intergénérationnelle et la sécurité alimentaire.

A ce titre la politique agricole pourrait être considérée comme un mode d'affectation des ressources plus efficace que le marché en cas d'instabilité de ce dernier (Boussard, 1999). La politique agricole, ainsi vue comme une réponse à l'instabilité du marché, ne s'oppose pas radicalement à la théorie néoclassique qui met le marché au centre de tout en dénonçant tout dispositif régulateur. Cependant, elle se positionne comme ayant une fonction stabilisatrice permettant aux agents économiques, face à l'instabilité et à l'incertitude des marchés agricoles, d'acquérir des informations adaptées à leur comportement que le marché ne peut leur fournir (Pouch, 2002). Ce type de rôle assigné à la politique agricole est d'ailleurs la conception faite par Williamson (1975) et Ménard (1989) lorsqu'ils évoquaient le concept de « socialisation du marché ». La multiplicité des défaillances en matière agricole étant grande, il revient à l'Etat d'apporter des solutions non en se substituant aux signaux du marché mais en fournissant les biens publics dont il ressort que le marché n'est pas le meilleur instrument.

Au Bénin, on assiste de plus en plus une forte instabilité des prix agricoles. Par exemple, sur la période 1980-2012, les indices composites des prix des produits agricoles ont connu des fluctuations allant jusqu'à plus de 35% en valeur absolue. Les années de forte instabilité des prix sont 1988-1989 (23%), 1990-1991 (-25%), 1994-1995 (18%), 1998-1999 (32%), 2000 (-32%) et 2006-2007 (38%). Avec la crise alimentaire de 2007-2008, l'on a enregistré une hausse des prix des céréales au lieu d'une baisse attendue en période de récolte. Cette hausse s'est poursuivie pendant le premier trimestre de l'année 2008 et s'est étendue jusqu'au mois de juillet. Les prix des principales céréales sont restés en hausse toute la période. Selon les statistiques de l'Office National d'Appui à la Sécurité Alimentaire (ONASA-2008), le prix du Kilogramme du maïs a augmenté de 125 FCFA à 400 FCFA pendant les douze derniers mois, soit une augmentation de 220% (197% en terme réel). Il en est de même pour le riz et le niébé. Le prix du kg de riz est passé de 345 FCFA en juillet 2007 à 445 FCFA en juillet 2008 soit une augmentation en termes réels de 20%. Celui du niébé est passé de 300 FCFA en juillet 2007 à 500 FCFA en juillet 2008 soit une augmentation en termes réels de 55% en une année. Cette instabilité des prix des produits agricoles notamment celle engendrée par la hausse des prix lors de la crise de 2008 a entrainé une chute des productions de rente durant les campagnes agricoles qui ont suivi au profit des cultures vivrières ((15%) cas prouvé en 2008 et en 2009). Les produits dont les prix ont augmenté sensiblement sur la période de 2004-2013 sont le mil/sorgho blanc (+101,06%), le mil/sorgho rouge (+85,99%), le gari ordinaire (+144,29%), le gari fin (+123,66%), le haricot blanc (+96,14%), le haricot rouge (+107,68%), le haricot noir (+122,2%), les graines d'arachide (+93,16%), l'arachide non décortiquée (+76,09%), le gombo (+75,01%) et l'igname ordinaire (+70,11%). Arrive ensuite le maïs (+62,47%), le riz importé (+65,36%), l'igname à piler (+67,26%), le riz local (+47,27%), le tapioca (+46,62%), le soja (+45,78%) et la tomate (+41,62%) avec une augmentation comprise entre 40-70%. Les légumes feuilles sortent du lot, en raison de l'augmentation de leur prix particulièrement modeste de l'ordre de +24,48%. Pour faire face à la crise alimentaire de 2007-2008, l'Etat a mis en place certaines mesures. Au nombre de ces mesures, on peut citer la constitution du stock tampon et la mise en place de boutiques témoins par l'ONASA et la mise en place du Programme d'Urgence d'Appui à la Sécurité Alimentaire (PUASA) qui avait pour objectif l'augmentation de l'offre de produits agricoles locaux.

Récemment, avec la double crise de Covid-19 et du conflit russo-ukrainien, le Bénin a été victime d'une inflation importée. Selon une Lettre de la Direction Générale de l'Economie (DGE-2022), cette situation a entraîné une hausse des prix de certaines denrées alimentaires notamment le Gari (+40,2%), le Mil (+33,7%), le maïs séché (+30,5%), l'huile de palme (+29,9%), l'igname (+26,1%) et la tomate fraîche (+21,8%). Avec les différentes mesures prises (renoncement partiel à la TVA sur le riz importé ainsi qu'à toutes taxes sur le riz et les jus de fruits produits au Bénin, subvention partielle du prix des intrants agricoles par l'État à hauteur de 31,6 milliards de FCFA) les productions agricoles ont augmenté et ont un rôle amortisseur de cette inflation importée. En effet, les productions de céréales, des racines et tubercules, des légumineuses et des cultures maraichères ont connu respectivement une hausse de 4,8%, 1,4%, 7,4%, et 5,4% en 2021 comparativement à leurs niveaux de 2020.

2.2. La nécessité de comprendre les origines des instabilités observées sur les marchés agricoles

D'un autre côté, certains auteurs se sont penchés sur l'origine des instabilités observées sur les marchés agricoles. La connaissance des causes de ces instabilités permettra de savoir si elles résultent du marché ou de l'action publique. Les défenseurs de la théorie de la « macroéconomie sectorielle » s'accordent à dire que l'instabilité du secteur agricole est liée aux chocs technologiques ou chocs réels appelés cycles réels (real business cycles en anglais). Les théoriciens de cycles réels, en effet avancent que les fluctuations observées dans les économies ont pour origine les chocs réels (Lucas et Rapping, 1969 ; Lucas, 1977 ; Kydland et Prescott, 1982 ; Long et Plosser, 1983 ; McCallum, 1988). Les fluctuations apparaissent donc comme la réponse optimale d'agents maximisateurs à des chocs réels. Les premiers auteurs qui ont jeté les bases théorique, analytique et empirique de la macroéconomie sectorielle sont Kirk (1960), Schultz (1995), Hathaway (1959) et Firch (1964) et Gardner (1981). Ces auteurs notamment Hathaway (1959) et Firch (1964) ont écrit à un moment où l'approche keynésienne battait son plein. Plusieurs hypothèses sur le lien entre le secteur agricole et les chocs réels sont énoncés et ont été plus ou moins confirmées par les faits. Pour Schultz (1995) par exemple, l'instabilité des revenus agricoles a son origine principale dans les fluctuations économiques. Par contre, selon Lamm (1983) les revenus et les prix agricoles ne sont pas sensibles significativement aux changements macroéconomiques. Certains travaux montrent que l'inflation nationale exerce un effet prix réel sur les entreprises agricoles en réduisant le ratio de parité (Tweeten et Griffen, 1980) et fait baisser la croissance de la productivité (Ruttan, 1959). Le rôle déterminant du taux de change sur les prix réels agricoles sera mis en exergue par Schuh (1974).

2.3. La politique agricole, un vecteur de promotion de la fonction économique de l'agriculture

Les causes de l'instabilité des marchés étant à des moments donnés liés aux décisions publiques, une autre définition des politiques agricoles rendant la suprématie au marché sera formulée. La politique agricole sera désormais vue comme un ensemble de mesures visant à promouvoir la fonction économique privée de l'agriculture en s'abstenant d'interférer avec les prix et les quantités, et de valoriser la fonction sociale de l'agriculture par des mesures d'aides aux producteurs de biens collectifs sans que ces dernières n'entrainent des distorsions de concurrence (Pouch, 2002). L'agriculture assure sa fonction économique dans la nation à travers une contribution par le marché avec le développement des exportations des produits agricoles (Johnston et Mellor, 1961) et la possibilité qu'elle offre à l'ensemble de l'économie de participer au commerce international (Kuznets, 1971).

Cette définition révèle que la politique agricole sera totalement efficace si les signaux du marché ne sont pas voilés par les interventions « distorsifs » de l'Etat. De ce point de vue, l'agriculture est intégrée dans la science économique académique en éradiquant sa spécificité, en prenant pour socle de référence la conception de l'intervention publique élaborée par les institutions internationales, notamment l'Organisation Mondiale du Commerce (OMC) qui soumet depuis les accords de Marrakech l'agriculture au régime général du commerce (Pouch, 2002).

Au Bénin, les mesures de politique agricole mises en œuvre pour faire face à la crise alimentaire de 2007-2008 a engendré plusieurs distorsions sur les marchés agricoles. Par exemple dans le cadre des stratégies de stock tampon et de boutiques témoins et ayant pour objectif l'amélioration du pouvoir d'achat des consommateurs, l'organisme étatique en charge de la mise en œuvre de ces mesures s'est trouvé en situation de quasi-monopsone lors de l'achat du riz auprès des producteurs avec comme conséquence un prix d'achat au producteur très bas. Aussi, la forte subvention des produits vendus par l'organisme étatique a évincé du marché les acteurs privés de la commercialisation. Pour finir, il faut noter que l'objectif initial qui consiste à améliorer le pouvoir d'achat des producteurs a été compromis en raison de ce que même en période de récoltes, l'organisme étatique a continué de vendre ses produits, toute chose qui constitue des distorsions maintenant à la hausse les prix des produits aux consommateurs. Dans l'ensemble, les mesures de politique agricole implémentées dans cette période ont interféré avec les prix et les productions avec une forte existence des distorsions de concurrence. Dans cette situation, peut-on dire que la fonction économique privée de l'agriculture est promue ?

2.4. La nécessité de prendre en compte l'aspect politique et de la petite exploitation familiale

D'autres types de définitions des politiques agricoles tentent de prendre en compte l'aspect politique. Les défenseurs de cette forme d'analyse voient la politique agricole comme un système social autonome visant à préserver les intérêts fonciers des propriétaires terriens, et aboutissant à maintenir un certain nombre d'équilibres autour des valeurs symboliques incarnées par l'agriculture, et de manière plus générale, destinée à accroître la prospérité d'une nation par éviction des importations. Cette vision traditionnelle de la politique agricole, bien qu'elle tente de préserver l'agriculture des importations, contribue d'une certaine façon à freiner la modernisation de ce secteur en l'incitant à poursuivre ces méthodes traditionnelles de production rythmées par les saisons et où l'épargne était considérée comme une attitude raisonnable.

Les auteurs marxistes de la tradition de Marx (1894) et de Kautsky (1900) voient en cette forme de définition de la politique agricole une sorte de tentative d'éviction de la petite exploitation familiale en faveur de grandes exploitations dominées par les capitalistes. En Afrique en général et au Bénin en particulier, l'agriculture est généralement centrée sur la famille. Au Bénin, il existe plus de 550.000 exploitations agricoles de type familial. Ces exploitations, essentiellement pluviales et fortement tributaires des aléas climatiques, sont peu modernisées avec des outils et des techniques agricoles rudimentaires. L'objectif principal des exploitations familiales est d'abord et avant tout la satisfaction des besoins des ménages. Les objectifs en matière d'investissements nécessaires à l'amélioration des systèmes de production ne sont pas privilégiés. Même si l'agriculture familiale fait face à plusieurs contraintes (faible accès aux intrants, recours aux énergies humaine et animale, faiblesse des productivités, dégradation des terres, etc.), il importe de soutenir ces agriculteurs qui ne cessent, en dépit de leurs maigres moyens, d'innover, de diversifier leurs productions et de faire face aux demandes additionnelles venant des villes. La politique agricole devra donc être porteuse de nouvelles innovations capables de soutenir les exploitants agricoles familiaux. A partir de là deux types de définition de la politique agricole émergent : une politique agricole qui tienne compte de l'existence de la petite exploitation familiale et ayant pour rôle de fournir au mode de production capitaliste un approvisionnement permanent de matières premières agricoles à un coût juste suffisant pour maintenir l'exploitant et sa famille ; et une autre politique agricole qui accélère la décomposition de la paysannerie et de prolétarisation de celle-ci tout en maintenant, par le mode de fixation de prix, que les paysans socialement nécessaires au mode de production capitaliste.

2.5. La politique agricole, un complément de la politique économique d'ensemble et un moyen d'étendre la compétitivité de l'agriculture

Il n'est de secret pour personne que les politiques macroéconomiques ont une forte influence sur l'agriculture. A la suite de la mise en œuvre d'une politique macroéconomique, des changements notables s'observent sur les prix des produits agricoles, sur les prix des facteurs, sur la structure des coûts de production et de commercialisation et sur les incitations pour les producteurs agricoles. Les taux de change, par exemple, affectent les prix et les quantités à l'exportation et à l'importation et les taux d'intérêt déterminent le coût des investissements dans les machines et l'équipement.

En raison de l'importance prépondérante de l'agriculture dans l'économie, il est urgent de mettre en œuvre des mesures de politique agricole appropriées. Johnston et Mellor (1961) ont montré que l'agriculture contribue à la croissance à travers : 1) une augmentation substantielle de la demande de produits agricoles, 2) une augmentation des revenus due à l'expansion des exportations agricoles, 3) un excédent de main-d'œuvre provenant principalement de l'agriculture et utile pour les autres secteurs de l'économie, 4) une contribution nette au capital requis pour l'investissement indirect et l'expansion de l'industrie et (5) une augmentation des revenus de la population agricole en vue de stimuler l'expansion industrielle. Dans une étude de cas pour le Pakistan, Khan (1967) montre que la transformation de l'agriculture, par une productivité accrue, permet aux agriculteurs de satisfaire les besoins alimentaires de la population urbaine et industrielle (en évitant l'inflation) d'une part, et libère le secteur agricole pour libérer la main-d'œuvre nécessaire à l'expansion industrielle d'autre part. Kuznets (1971), pour sa part, poursuit en affirmant qu'une agriculture compétitive doit pouvoir assumer les trois rôles principaux de pouvoir participer à la croissance ; deuxièmement, augmenter les revenus des producteurs agricoles; et troisièmement, contribuer au financement d'autres secteurs de l'économie.

En vue d'amener le secteur agricole à jouer efficacement son rôle et à participer à l'expansion générale de l'économie, il est donné à la politique agricole un nouveau type de définition à savoir qu'elle va s'inscrire désormais dans les principes directeurs d'une politique économique générale impulsé par un keynésianisme triomphant tel que décrit par Barrière (1975). De ce point de vue, la politique agricole, étant devenue un complément de la politique économique d'ensemble, est vue comme un ensemble de dispositifs institutionnels visant à accroître la production et le revenu des agriculteurs et qui concoure au progrès général de la société.

12

Pour prendre en compte l'échange international des produits agricoles et alimentaires, la politique agricole concernera l'ensemble des mécanismes de soutien à l'agriculture en vue d'assurer sa compétitivité vis-à-vis des pays concurrents. Dans ce cas, la politique agricole sera définie comme un ensemble de moyens permettant aux agriculteurs de préserver ou d'étendre leur compétitivité interne et externe, et de dégager des parts de marché au détriment de leurs concurrents. Elle est tournée vers le captage des rentes agricoles et agro-industrielles internationales, celles-ci étant ensuite reversées aux producteurs (Pouch, 2002). La politique agricole est donc perçue comme le moyen d'ouvrir les marchés et d'étendre la capacité d'absorption de l'économie mondiale. Vu sous cet angle, la réussite de la politique agricole impose la nécessité d'instaurer un dispositif institutionnel puissant qui veillera, par l'érection d'un ensemble de règles très claires, à la préservation des intérêts de chaque maillon du système confirmant les prédictions de certains auteurs comme Coase (1937), Hess (1983) et Ménard (1993) qui voient dans la politique agricole la réunion d'un groupe de personnes dont leur stratégie est de faire avancer leurs intérêts économiques. Cependant, l'apparition des réglementations peut entraîner une capture des règles par un groupe de pression puissant capable de faire basculer les intérêts vers son seul niveau. Ceci est d'ailleurs la principale critique formulée par les théoriciens des choix publics qui voient dans toute intervention étatique l'expression des intérêts de groupes de pression détenant le monopole sur le marché des biens politiques (Muller, 1979). Par ailleurs, il faut remarquer que de plus en plus la définition des politiques agricoles prenne en compte les externalités négatives que pourraient engendrer les activités d'un agent sur un autre agent sans que cette forme de transaction ne passe par le marché. Pour Bonnieux et Rainelli (1989), ces externalités doivent être évaluées afin de fixer un degré de nuisance compatible avec l'équilibre du marché. Dans ce sens, la politique agricole sera définie comme une association d'un mode efficace d'affectation des ressources par le biais d'un système de taxation performant en vue d'internaliser les externalités négatives mais compatible avec les mécanismes du marché.

Dans le cas particulier du Bénin, l'histoire de l'évolution de la politique agricole révèle l'existence de quatre périodes entre 1960 et 2021 : la période des indépendances allant de 1960 à 1972, la période de l'étatisation de l'économie, la période du renouveau économique de 1990 à 2006, la décennie 2006-2016, et la période 2016-2021 caractérisée par la territorialisation du développement agricole. Au cours de chacune de ces périodes, quels ont été les objectifs de politique agricole poursuivis ? quels sont les instruments mis en œuvre et quels ont été les principaux résultats ?

3. L'histoire de la politique agricole au Bénin

3.1. La politique agricole des indépendances

Cette section est consacrée à la présentation des objectifs, instruments et résultats de la période des indépendances qui s'étend de 1960 à 1972.

Le développement des filières industrielles comme objectif prioritaire

La politique agricole des indépendances (1960 à 1972) avait pour objectif principal le développement des filières industrielles à travers la création des champs collectifs avec l'appui des sociétés de développement agricole. Le tableau 1 présente les sociétés crées au cours de la période pour soutenir l'agriculture.

Tableau 1 : Les sociétés de développement agricole entre 1960 et 1972 et leurs dates de création

Sociétés	Dates de création	Lieux d'implantation	Cultures concernées
Société d'Aide Technique et de Coopération (SATEC)	1968	Zou	Tabac
Compagnie Française pour le Développement des Textiles (CFTD)	1968	Borgou	Coton
Bureau pour le Développement de la Production Agricole (BDPA)		Atacora	Arachide
Société Nationale pour le Développement Rural (SONADER) rebaptisée plus tard Société Béninoise de Palmier à Huile (SOBEPALH)	1962		Palmier à huile et Cultures annuelles
Office de Commercialisation Agricole du Dahomey (OCAD)	1967	Littoral	Produits vivriers
Société de Commercialisation et de crédit Agricole du Dahomey (SOCAD)	1972	Littoral	Produits vivriers, café, anacarde, Karité
Société Nationale des Huileries du Dahomey (SNAHDA)	1961	Ouémé	Palmier à huile

Des instruments de politique agricole privilégiant un « système féodal » et un « système capitaliste »

Cette période est connue pour être celle de la construction de l'Etat indépendant caractérisée par l'élaboration de deux documents majeurs :

- Plan de développement économique et social du Dahomey [1962-1965]. C'est un instrument d'orientation de l'expansion économique et du progrès social et comme cadre des programmes d'investissements à réaliser dans la période du 1er Janvier 1962 au 31 Décembre 1965. L'ensemble des moyens de financement disponibles est reparti entre les différents secteurs d'activité : Production (agriculture, industrie et Tourisme) 50 % ; Infrastructure 30 % ; et Equipements administratifs et Sociaux 20%.
- Plan de Développement National [1966-1970]. C'est un instrument d'orientation de l'expansion économique et du progrès social dont le montant est 35 milliards 200 millions de FCFA.

L'organisation de la production agricole était à la fois caractérisée par un « *système féodal* » et un « *système capitaliste* », avec pour conséquence la promotion de cultures industrielles : coton, arachide, karité, ricin, café, oléagineux, tabac, etc. Aussi, des cultures vivrières, dont l'organisation de la production était négligée faisait l'objet d'un commerce spéculatif par des commerçants. Deux approches vont conduire la politique agricole au cours de la, période :

- La coopération agricole avec la transformation Sociétés Mutuelles de Développement Rural (SMDR) existantes depuis 1956 en organisations à vocation coopérative avec la promulgation en 1961, 1965 et 1966 des textes qui les régissent. Ainsi ; des coopératives agricoles sont formées et installées dans les périmètres d'aménagement rural.
- Le développement de l'économie de traite a été prolongée avec à la clé la création de sociétés de développement agricole et comme mission le développement des filières industrielles notamment le palmier à huile, le coton, le tabac, etc.

Les Sociétés Mutuelles de Développement Rural (SMDR) ont vu le jour avec la loi Cadre du 23 Juin 1956 et le Décret N° 56-11-35 du 13 Novembre 1956 avec comme réforme majeure le changement d'option de production rurale en option de développement rural. Cependant, les législations appropriées qui devraient consacrées les structures coopératives n'étaient pas appropriées. La participation volontaire, de même que l'autorité démocratique des membres n'étaient pas de mise.

L'économie de traite désignait l'ensemble des relations économiques associées à la commercialisation des produits agricoles que les cultivateurs africains offraient à la vente en vue de leur exportation (Robert Badouin). L'agriculture béninoise, à cette époque était caractérisée à la fois par une agriculture de subsistance portant sur les cultures vivrières (mil, riz, igname, manioc, etc.), et par une agriculture d'exportation. Les cultures d'exportation font objet d'une économie de traite. Robert Badouin distingue plusieurs éléments nécessaires pour caractériser une économie de traite :

- La nature des produits faisant l'objet des transactions. D'un côté un produit agricole brut, issu de l'activité du cultivateur, de l'autre des marchandises importées provenant de l'activité manufacturière des pays étrangers. Cette observation comporte une part de vérité ; cependant elle ne suffit pas à désigner une économie de traite. Tout d'abord, comme au Sénégal, les produits importés peuvent comprendre un pourcentage élevé de produits agricoles, en provenance non de pays évolués, mais d'autres fractions du monde sous-développé. Le riz fourni par les pays du Sud-Est asiatique représente la marchandise la plus importante acquise en échange de l'arachide sénégalaise. En second lieu, un certain nombre de pays ont fondé leur développement sur un échange entre produits agricoles et marchandises industrielles sans qu'on ait parlé à leur propos d'économie de traite. Tel est le cas notamment de la Nouvelle-Zélande, de l'Australie. La nature des produits présents à l'échange comporte des conséquences intéressantes mais ne saurait à elle seule déterminer un type de relations économiques.
- Une autre particularité de l'économie de traite réside dans la polyvalence du traitant et dans le type de liaisons qui l'unissent aux cultivateurs. Le traitant, au niveau du village ou à celui de l'escale, tient un triple rôle. Tout d'abord il est acquéreur des produits récoltés par le cultivateur. Au moment de la récolte c'est lui qui échange les productions contre les unités monétaires. Mais le traitant est en même temps le fournisseur du paysan. Lui seul détient les vivres, les semences, les ustensiles ménagers, les articles en matière plastique et les biens de consommation d'origine industrielle que ce dernier désire acquérir. La traite se caractérise par l'absence de spécialisation commerciale. Les opérations d'achat et celles de vente sont réalisées par un même personnage, le traitant, que le paysan

trouve toujours en face de lui lorsqu'il veut réaliser les transactions concernant des biens qui ne sont pas fabriqués dans le village.

Des résultats en faveur de la production agricole mais au détriment de la croissance

Au cours de la période 1960-1972, même si le Bénin a enregistré les taux d'accroissement moyens annuels de la production les plus élevés pour le coton, le riz et le manioc, il n'en demeure pas moins que le taux de croissance de la contribution de l'agriculture au PIB (%) était négatif. Ce qui dénote de ce que les différentes productions agricoles ne profitaient pas réellement à la nation béninoise en termes de valeur ajoutée.

Les figures 1, 2 et 3 présentent respectivement les taux de croissance annuels de quelques produits agricoles, l'Indice de Production Alimentaire et la part de la valeur ajoutée agricole en % du PIB de 1960 et 1972.

La mise en œuvre des mesures de politique agricole des indépendances a permis d'engranger un taux d'accroissement moyen annuel de la production égal à 35% pour le coton, 25% pour le riz, 8% pour le manioc, 0,4% pour le maïs (figure 1). Les principaux produits agricoles dont les productions ont connu une forte croissance sont donc le coton et le riz. Cette situation s'explique par la mise œuvre de de mesures à savoir :

– Le Plan de développement économique et social du Dahomey [1962-1965] qui a mis l'accent sur le développement de l'agriculture avec des investissements massifs dans les filières agricoles d'exportation notamment le coton.
– Le plan de développement économique et social du Dahomey (1966-1970) qui a favorisé la production de riz en vue de satisfaire non seulement les besoins de consommation en riz de la population mais aussi de dégager un surplus exportable vers les pays voisins.

L'Indice de Production Alimentaire est l'agrégat qui représente la production disponible pour toute utilisation autre que la semence et l'alimentation animale. C'est un indicateur qui montre le niveau relatif du volume agrégé de la production agricole pour chaque année par rapport à la période de référence 2014-2016. Entre 1960 et 1970 cet agrégat a évolué à la hausse au Bénin (figure 2).

La valeur ajoutée agricole a engrangé un taux de croissance moyen annuel de 4%. Cependant, il convient de noter qu'au cours de la période 1960-1972, l'on a assisté à une décroissance de la contribution de l'agriculture au PIB (-2%). En observant la figure 3, on note que la part de la valeur ajoutée agricole à la formation du Produit Intérieur Brut (PIB) suit une tendance baissière. Les instruments de politique agricole n'ont pas permis au cours de la période 1960-1972 à l'agriculture de contribuer efficacement à la croissance. L'agriculture cette période n'est pas parvenue à participer à la croissance, à augmenter les revenus des producteurs agricoles et à contribuer au financement d'autres secteurs de l'économie.

Figure 1 : Taux de croissance annuels moyens (en %) de quelques produits agricoles entre 1960 et 1972

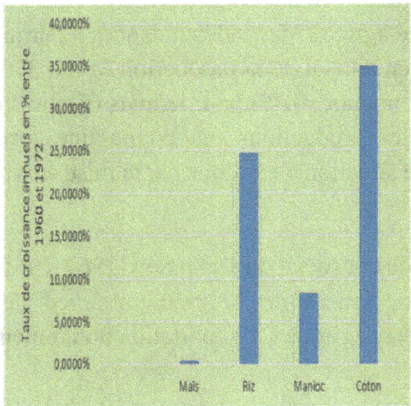

Figure 2 : Evolution de l'Indice de Production Alimentaire

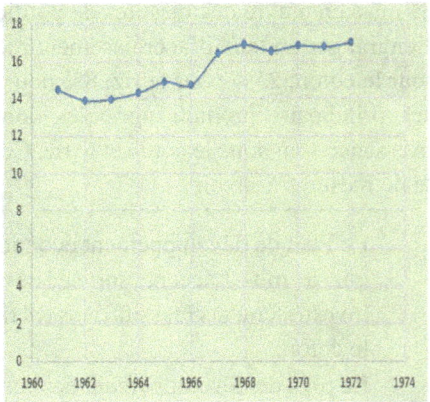

Source : WDI

Figure 3 : Evolution de la part de la valeur ajoutée agricole en % du PIB

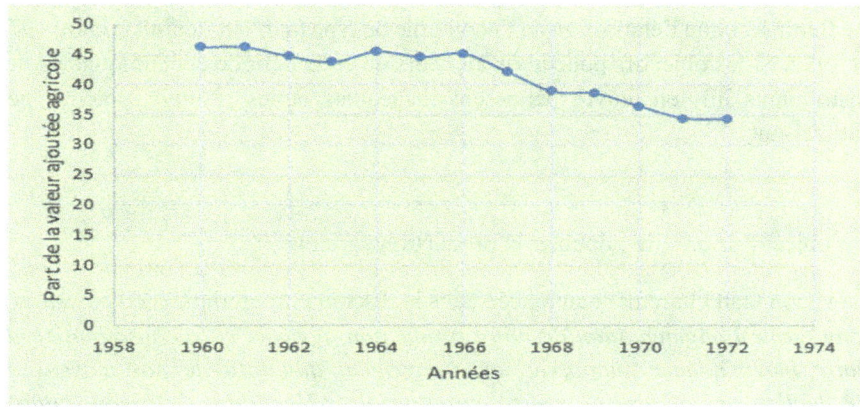

Source : WDI

Figure 4 : Taux de croissance du PIB entre 1960 et 1972

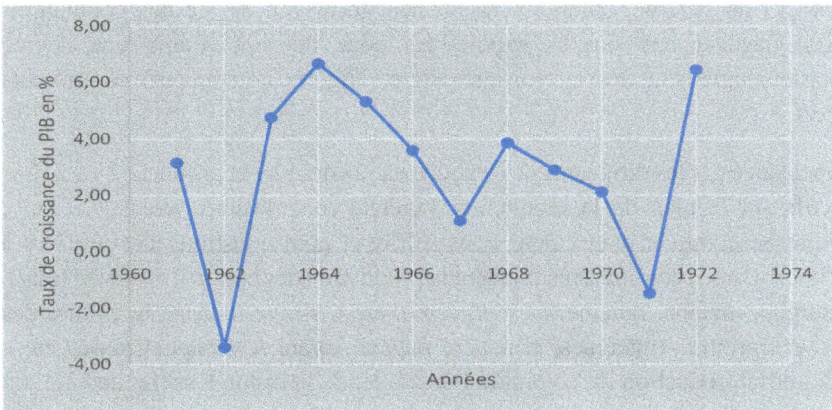

Source : WDI

3.2. La politique agricole sous l'étatisation de l'économie de type marxiste-léniniste

Le Bénin a connu l'étatisation de l'économie de type marxiste-léniniste entre 1972 et 1982. Si les objectifs poursuivis au cours de cette période étaient louables, les instruments mis en œuvre paraissent inadéquats et les résultats obtenus peu satisfaisants.

Un objectif prioritaire : doubler la production agricole

La vision était clairement annoncée dans le discours programme : « *à moyen et à long terme l'augmentation de notre production agricole et la consolidation de notre indépendance supposent un changement qualitatif de nos moyens de production, une réforme de nos structures agraires, l'abolition de la monoculture, la valorisation sur place des produits de notre agriculture* ». La politique agricole de cette époque s'était fixé des objectifs qui intégraient clairement la dimension régionale de développement : assurer l'autosuffisance alimentaire et l'équilibre nutritionnel des populations, assurer l'approvisionnement en matières premières nécessaires aux industries de transformation existantes et à promouvoir, constituer des stocks de sécurité, améliorer rapidement le niveau de vie des populations rurales, dégager des surplus exportables pour faire du Bénin une source d'approvisionnement de ses voisins (Niger, Nigéria notamment) en produits vivriers.

L'appel lancé par les dirigeants de l'époque est : « doubler la production … ». Les objectifs sur le plan de la production végétale sont résumés ainsi qu'il suit : produire beaucoup et mieux pour nous suffire et pour constituer des réserves à tous les niveaux, accroître sensiblement la production des cultures vivrières (maïs, riz, sorgho, manioc, igname, haricot, fonio, etc.), s'investir dans la culture des fruits et agrumes (mangues, bananes, papaye, orange, pamplemousse, etc.), améliorer la production du coton, de l'arachide, de la canne à sucre, du café, du cacao, etc.).

Le 30 Novembre 1972 a vu se dessiner à travers un discours programme l'orientation économique du Gouvernement Militaire Révolutionnaire : « la prise en charge progressive par l'Etat des secteurs vitaux de l'économie qui conditionnent le développement et l'indépendance du pays et la mise en valeur rapide de ses ressources. » (Discours programme de 30 novembre 1972). Cette orientation, fortement dominée par la rationalité politique met plus l'accent sur

20

des objectifs économiques purs c'est-à-dire des données qui affectent directement le bien-être et qui concernent directement l'homme de la rue. Les objectifs économiques purs affichés sont généralement des objectifs à long terme et portent sur des réformes dans le domaine agricole, l'industrie, le commerce et les finances.

Au total des objectifs économiques purs couvrant cinq domaines ont été fixés. Bien que l'intention clairement affichée soit la prise en charge des secteurs vitaux de l'économie, le GMR est discret sur le mode de régulation des activités dans leur ensemble. Il n'a pas opté à priori entre la régulation par le marché et celle par le plan et, sans une précision pour la plupart du temps sur le choix de l'institution économique susceptible de concourir à leur réalisation. Le problème de la réalisation de ces objectifs demeure également entier. En effet, le décideur public doit mettre en œuvre les moyens et instaurer les structures économiques permettant d'atteindre les objectifs arrêtés.

Le 30 Novembre 1974, verra afficher le mode de régulation économique à travers le discours d'orientation économique. Les orientations économiques sont portées par une ligne idéologique basée sur le Marxisme-léninisme et ses méthodes d'analyse à savoir le matérialisme dialectique et le matérialisme historique. La lutte révolutionnaire au Bénin couvrait trois aspects : la lutte des classes en vue de la liquidation totale des structures coloniales et néocoloniales d'exploitation de l'homme par l'homme ; la lutte pour la production en vue de se nourrir, de se vêtir et de se loger correctement ; et la lutte politique en vue de se libérer totalement de la domination étrangère.

Ainsi, d'après la conception matérialiste proposée par Marx, l'Etat béninois devrait être la domination de la classe des prolétaires sur l'ensemble de l'économie béninoise. Sous cet angle, la politique économique, quels que soient son domaine d'intervention, l'horizon économique concerné (court ou long terme) sera utilisé pour inscrire dans le droit positif cette domination.

La mise en œuvre des réformes aux différents domaines contenus dans le discours programme a consisté en la création d'entreprises publiques soit par la nationalisation d'entreprises privées, soit par la création de nouvelles entreprises publiques. Dans cette perspective, plusieurs mesures ont été prises : la prise en charge des secteurs vitaux contrôlés par des intérêts étrangers, l'accroissement de la participation de l'Etat dans les entreprises déjà en activité, la transformation des services publics en offices ou en sociétés d'Etat, le démembrement de sociétés d'Etat, la création de nouvelles sociétés, le réaménagement des sociétés existantes. Afin de contrôler l'ensemble des flux financiers dans l'économie et de limiter les fuites, le système bancaire dans son ensemble a été pris en charge par l'Etat. Les banques commerciales ont été nationalisées et forment désormais une seule banque, deux autres banques spécialisées l'une dans les grands projets de développement et l'autre dans l'agriculture ont vu le jour.

Le contrôle des prix et la réforme institutionnelle comme principaux instruments

Les principaux instruments de politique agricole utilisés étaient le contrôle des prix, la création de plusieurs structures notamment les Centres d'Action Régionale pour le Développement Rural (CARDER), les Régies d'Approvisionnement et de Commercialisation (RAC), les Sociétés Provinciales de Commercialisation des produits Agricoles (SOPROCA), la Société d'Alimentation Générale du Bénin (AGB), la Commission Nationale des Céréales (CNC) qui sera remplacer plus tard par l'Office National des Céréales (ONC) créé en 1983 en lieu et place de la CNC. Ces instruments ont été renforcés par la création d'une part, des unités populaires de production dans les villages (UPPV) et des Groupements Révolutionnaires à Vocation Coopérative (GRVC) d'autre part.

Dans le domaine agricole, la mise en œuvre d'une politique de prix rémunérateur qui incite l'accroissement de la production agricole et ce, à travers la transformation du Fonds de soutien des produits agricoles en organisme autonome doté de ressources conséquentes ; la lutte contre le détournement des ressources de ce Fonds ; l'extension progressive des activités du Fonds à tous les produits agricoles ;la prise en charge par l'Etat du conditionnement et de la commercialisation des produits d'exportation, notamment le coton et le tabac. Enfin, à moyen terme un changement qualitatif des moyens de production, la réforme des structures agraires, l'abolition de la monoculture, la création de plus de valeur ajoutée agricole.

Dans le domaine de l'élevage, le GMR, se propose de mener des actions spécifiques en faveur des éleveurs, notamment à travers l'amélioration et la création des infrastructures hydrauliques pastorales, la vulgarisation systématique au niveau des éleveurs des résultats obtenus dans les fermes expérimentales, la mise en œuvre d'une médecine vétérinaire préventive, la modernisation et la transformation des produits de l'élevage.

Dans le domaine de la pêche, le GMR se propose d'asseoir une politique conséquente comportant l'interdiction des techniques qui appauvrissent les fleuves et lagunes, la création d'une société nationale d'armement à la pêche, la règlementation et le contrôle rigoureux de la pêche le long de nos côtes, avec à la clé la réorganisation de la brigade fluviale et maritime, enfin la mise en place d'un mécanisme de financement publique permettant le renouvellement de la flottille et le développement des produits de la pêche.

Dans les domaines de l'industrie, du commerce et de finances, l'objectif est la prise en charge progressive par l'Etat du contrôle des secteurs vitaux de l'économie, lesquels conditionnent le développement et l'indépendance du pays ainsi que la mise en valeur rapide de ses ressources.

Ainsi dans le domaine industriel, obligation est faite à toutes les entreprises opérant dans le pays de domicilier leur siège social au Dahomey et d'y tenir leur comptabilité, la révision du code des investissements dans un sens plus favorable aux intérêts du peuple dahoméens ; la création d'une société nationale de construction de bâtiments, la mise en valeur de l'exploitation des ressources minières et hydro-électriques ; la création de complexe textile, d'une industrie de produits pharmaceutiques, d'une manufacture de tabac et d'allumettes, d'une régie nationales des alcools ; enfin la réalisation d'un projet d'huilerie d'arachide.

Tenant compte de la spéculation que le GMR considère effrénée au dépend des consommateurs, la volonté d'y mettre fin est affirmée à travers le l'instauration dans les domaines commercial, touristique et artisanal de monopole étatique dans l'exportation de tous les produits nationaux, et l'importation de certains produits de grande consommation ; la création d'une société nationale d'assurance et de réassurance ; la règlementation plus stricte du commerce intérieur avec une division de tâches entre les grandes entreprises d'import- export et les groupements de commerçants nationaux ainsi qu'une meilleure protection de ces derniers ; la diversification des partenaires commerciaux, le développement des infrastructures de transport.

Dans le domaine macroéconomique, l'assainissement financier reste la pierre angulaire et poursuit trois objectifs : imposer le respect du bien public et restaurer le prestige moral qui devrait être attaché à l'exercice de fonctions dirigeantes au sein de la société ; permettre à l'Etat d'augmenter ses revenus ; permettre à l'Etat de réaliser des économies substantielles grâce à une organisation plus rationnelle de ses services et à l'adoption d'un train de vie compatible avec la situation d'un petit pays aux ressources limitées. Ces trois objectifs seront atteints au moyen de :

- contrôle systématique de la gestion des affaires de l'Etat dans les domaines financiers, économiques, fiscaux, administratifs grâce à l'épuration et au renforcement en personnel et en matériel de l'inspection générale des finances, de l'inspection générale des affaires administratives, du service du contrôle des prix, de la Direction des impôts et grâce à l'institution d'une police économique ;
- la récupération des manques à gagner de l'Etat par le recouvrement par sur les sociétés et par contrainte tant des 25% prélevés sur les salaires des travailleurs au titre de l'impôt de solidarité nationale que des arriérés d'impôts ;
- la suppression des mesures arbitraires de dégrèvement des impôts ;
- la réduction de toutes les indemnités attachées aux fonctions de l'Etat ;
- la résiliation de tous les baux administratifs, l'harmonisation des indemnités de logement aux ayants-droits et la construction de bâtiments administratifs et des Habitations à Loyers Modérés ;
- la mise en place au niveau de chaque département d'un système rigoureux de contrôle de gestion ;
- le contrôle plus sévère et plus fréquent de la gestion des sociétés d'Etat.

Relativement à la formation des ressources humaines, le GMR soutient que l'enseignement, l'éducation et la culture ont été au service de la domination et de l'exploitation étrangères. Il importe donc d'élaborer une réforme authentique de l'enseignement conforme aux exigences de la nouvelle politique. Celle-ci devra mettre en place des structures, un enseignement d'orientation et de contenu conformes aux nécessités d'un développement économique et national indépendant. Quant à la santé, la nouvelle politique du GMR porte essentiellement sur les masses. L'accent est mis sur la dotation du pays de structures sanitaires adéquates en locaux comme en équipements notamment dans les zones rurales ; la primauté de la médecine préventive sur celle curative ; l'association de la médecine moderne et celle traditionnelle pour le progrès de la pratique médicale au Dahomey.

A partir de 1973 le contrôle effectif sur l'économie va se traduire par la création de plusieurs entreprises publiques couvrant tous les secteurs d'activité (agro-industriel, industriel, transport, construction, commerce, finance, autres services) dont 60 provinciales et 20 d'envergure nationale créées entre 1973 et 1978 dont les missions étaient d'intervenir rigoureusement dans les domaines jugés stratégiques. En fait, la création de ces entreprises ainsi que leur participation effective à la vie économique étaient considérées comme un instrument stratégique de politique économique susceptible de permettre à l'Etat révolutionnaire de capter une part substantielle des profits devant revenir aux agents économiques privés notamment pour la plupart étrangers et de les réinvestir dans les branches économiques qu'il jugeait prioritaire ; soit, comme l'un des espoirs d'un développement original. En effet, l'Etat pensait que des entreprises publiques fortement assistées par des organismes nationaux pourraient transformer l'agriculture, l'artisanat, la distribution et suppléer à l'absence d'une classe de petits entrepreneurs dans l'industrie légère, soit enfin comme une nécessité absolue de développement économique dans l'optique marxiste parce que le secteur privé est considéré idéologiquement néfaste.

Si l'on se réfère d'une part à l'obligation qui leur est faite de verser au budget de l'Etat 85% des bénéfices nets réalisés, et d'autre part au fait que dans leur grande majorité, les entreprises publiques béninoises sont le résultat de la nationalisation d'entreprises privées performantes installées au Bénin, la première proposition justifiant la création des entreprises publiques justifie en grande partie leur création au Bénin. L'implication de l'obligation des 85% du bénéfice net à verser au budget de l'Etat est que les entreprises publiques béninoises devraient être rentables et ne pas compromettre les objectifs qu'elles sont censées servir.

Aussi, pour accompagner le financement de ces entreprises, et également limiter toutes fuites de capitaux à l'extérieur, une des mesures phares a consisté en la nationalisation du réseau bancaire et financier en 1975. Cette mesure s'est traduite également par la simplification du réseau et sa réduction à trois banques spécialisées respectivement dans le commerce, (la Banque Commerciale du Bénin (BCB)), le domaine agricole (la Caisse Nationale de Crédit Agricole (CNCA)), et dans le domaine du financement des grands projets industriels (la Banque Béninoise de Développement (BBD)).

Enfin, relativement à l'emploi, l'Etat s'est arrogé le monopole du recrutement de tous les diplômés sortis de l'Université Nationale du Bénin avec comme destination d'utilisation la fonction publique ou les entreprises publiques pour les plus privilégiés. Le tableau 2 d'entreprises créées par an sur la période concernée.

Tableau 2 : Nombre d'entreprises publiques nationales et leur année de création entre 1972 et 1982 au Bénin

Année de création	Nombre d'entreprises
1973	4
1974	7
1975	22
1976	3
1977	2
1978	7
Total	45

Source : Auteur, d'après les données d'enquête

Des résultats appauvrissants

En termes de résultats, la production végétale surtout celles des produits vivriers (maïs, sorgho, igname, manioc, etc.) a connu une augmentation sensible en qualité et en quantité. La production de manioc a été la plus importante sur l'ensemble de la période dépassant de loin celles de maïs, de coton et du riz. Cependant, en termes de taux d'accroissement moyen annuel de la production, c'est le coton qui vient en tête (16%) suivi respectivement du maïs (6%), du riz (5%) et du manioc (4%). Le taux de croissance moyen annuel de la valeur ajoutée agricole est de 10% et le taux de croissance de la contribution de l'agriculture au PIB est d'environ 1%.

Les résultats étaient sans équivoque : le taux de croissance moyen annuel de la valeur ajoutée agricole est porté à 10% et le taux de croissance de la contribution de l'agriculture au PIB est d'environ 1%. Ces résultats seraient des meilleurs si les considérations idéologiques de l'époque n'avaient pas pris le pas sur les objectifs économiques. Les grandes tendances macroéconomiques (taux de croissance et inflation) sont reflétées dans le graphique 5 ci-dessous de 1970 à 1982. A l'observation du graphique, on constate que les taux de croissance et d'inflation au Bénin entre 1970 et 1982 ont évolué de manière instable ; ce qui révèle la non maîtrise des deux grandeurs au cours de la période. Hormis les périodes de 1970 à 1973, 1978 à 1979, les deux grandeurs ont évolué de manière contracyclique : les périodes de croissance coïncident avec les périodes de déflation. Cette situation s'observe sur la période 1975-1977. L'inflation qui est observée au cours des phases de croissance pourrait résulter, non pas du fonctionnement normal des marchés, mais surtout des mesures de contrôles des prix qui étaient en vigueur en ce moment où l'économie était dirigée ou planifiée. De 1972 à 1975, les taux de croissance ont baissé progressivement pour atteindre un taux négatif de 5,1% en 1975. Ils ont ensuite augmenté en général pour atteindre 9,2% en 1981, avant d'enregistrer une chute vertigineuse les ramenant à -4,1% en 1983. En ce qui concerne l'inflation, les pics sont observés en 1974, 1975, 1979 et 1982. Ces périodes coïncident avec la baisse des productions agricoles (coton, maïs, riz, manioc) et pourraient traduire l'effet de l'insuffisance de l'offre agricole. La situation de 1982 peut aussi s'expliquer par l'abandon des mesures de contrôle des prix qui prévalait jusqu'alors.

Figure 5 : Evolution des taux de croissance et d'inflation de 1970 à 1982

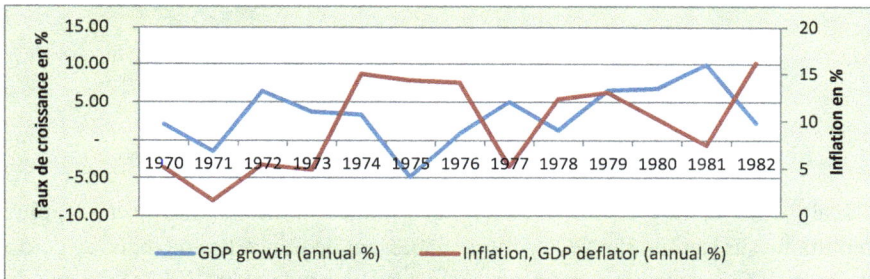

Source : auteur, à partir des données de la Banque mondiale.

L'évolution de la balance des paiements courants et le commerce net de biens et services est présentée dans le graphique 3. Au regard de ce graphique, on note que les deux indicateurs sont déficitaires sur l'ensemble de la période 1974-1982. En 1982 particulièrement, le déficit était plus élevé. En effet, 1982 correspond à l'année où on a observé une forte importation qui a surement été à l'origine du fort taux d'inflation de la même année.

Le bilan de la production présente le 31 Décembre 1977 montre que, malgré toutes les difficultés (agression armée, aléas climatiques, retard dans la distribution des semis et la mise en place de certains facteurs de production), la production n'a pas baissé. Mieux la production végétale surtout celles des produits vivriers (maïs, sorgho, igname, manioc, etc.) a connu une augmentation sensible en qualité et en quantité. Cependant, pour l'essentiel, sur le front de la production végétale, la production globale n'a pas été double. Pour faire une analyse plus pointue de la situation, le graphique 4 présente l'évolution des différentes productions végétales de 1971 à 1982.

Figure 6 : Evolution de la production (en tonne) de quelques produits agricoles de 1971 à 1982

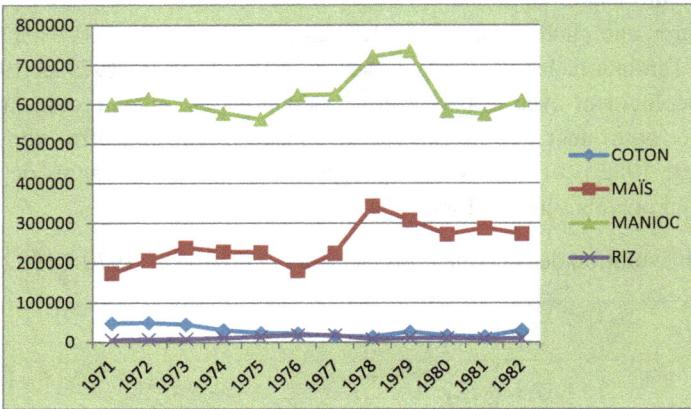

L'analyse de la figure 6 montre que la production de manioc a été la plus importante sur l'ensemble de la période dépassant de loin celles de maïs, de coton et du riz. Il faut cependant remarquer que sur la période avant 1977, les niveaux de production de manioc et de maïs sont restés globalement stables et c'est à partir de 1977 que ces productions ont amorcé leur tendance haussière jusqu'en 1980 avant que ces cultures ne commencent par connaître des difficultés qui seront rapidement jugulées à partir des mesures prises en 1982.

La faible performance de la production cotonnière de 1972 à 1982 pourrait cependant se justifier par la nouvelle orientation en matière de politique agricole qui désormais met l'accent sur la production vivrière afin de rompre avec la philosophie coloniale et néocoloniales qui, faut-il le rappeler faisait des cultures industrielles au profit des entreprises métropolitaines. Mais avec les contraintes liées à l'avènement des Programmes d'Ajustement Structurel (PAS) au début des années 80, l'orientation en matière de politique agricole a dû être modifiée pour renouer désormais avec la production des cultures de rentes d'où la reprise de la production cotonnière en 1981.

La figure 7 présente l'évolution des valeurs ajoutées agricole et industrielle de 1971 à 1982.

Figure 7: Evolution des valeurs ajoutées agricole de 1973 à 1982

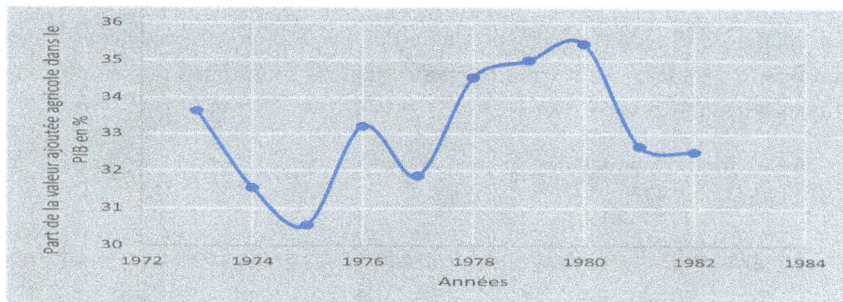

Source : auteur, à partir des données de la Banque mondiale.

La figure 7 montre qu'entre 1971 à 1980, la valeur ajoutée agricole a connu un accroissement. Cet accroissement est beaucoup plus accentué à partir de 1977, année où a été lancé l'appel audacieux : « doubler la production … ». Mais la crise économique du début des années 80 s'est matérialisée par une baisse de la valeur ajoutée agricole et même de l'indice de production agricole (figure 8).

Figure 8 : Evolution de l'indice de production agricole entre 1973 et 1982

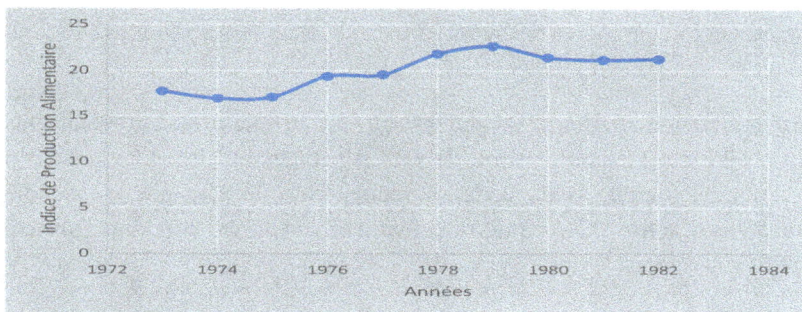

Source : auteur, à partir des données de la Banque mondiale.

L'option choisie au cours de cette période à savoir la nationalisation des entreprises privées et la création des entreprises publiques et leur financement par le système bancaire nationalisé à cet effet n'a pas permis aux banques de jouer convenablement leur rôle traditionnel. En effet, le déséquilibre financier des entreprises publiques a fait courir des risques d'illiquidité aux banques du pays et à limiter considérablement leur action en faveur du développement économique. Par exemple, en 1978, les encours de crédit à dix (10) entreprises publiques par la BCB dépassaient 13 milliards de FCFA, ce qui représentait plus de 52% de tous les crédits accordés aux entreprises publiques par le système bancaire. Le mode de gestion des entreprises publique a été porteur de crises économiques et l'Etat a été lui-même en grande partie responsable des médiocres performances de ces entreprises. Le tableau 2 présente les performances financières des entreprises publiques au cours de la période.

Trois causes fondamentales des mauvaises performances au cours de la période ont été identifiées :

- **D'abord les mauvaises conditions de création des entreprises** : On y retrouve la mauvaise conception, la faiblesse des fonds propres, les objectifs contradictoires, les faiblesses en matière de personnel
- **Ensuite, le cadre institutionnel et réglementaire inapproprié dans lequel elles ont évolué :** La relation entre l'Etat et ses entreprises était régie par la **Loi N°82-008 du 30 novembre 1982**. Selon les dispositions de cette Loi, chaque entreprise répond à un ministère de tutelle responsable de son secteur d'activité. Mais elle est également soumise à la surveillance de plusieurs autres ministères. Le Directeur Général exerce ses fonctions au sein d'un comité de direction où figurent les organes décentralisés du parti-Etat. La conséquence st que l'autonomie de l'entreprise se trouve être réduite par les interventions fréquentes et intempestives des représentants de ses tutelles administratives et politiques.

Les conseils d'administration (CA) jouent souvent un rôle effacé d'autant plus que le ministère de tutelle a un droit de veto sur toutes les décisions prises en conseil d'administration. Dans certaines entreprises, le CA n'a jamais été constitué. Dans d'autres, il se réunit rarement, même lorsque la société traverse des difficultés sérieuses.

Aussi, toutes les décisions importantes ayant trait à la passation de marché, la fixation des prix, les investissements, les emprunts, le budget prévisionnel de l'entreprise, les recrutements et licenciements, ont été transférées de la direction de l'entreprise aux organes gouvernementaux. Tout ceci est contraire aux dispositions de la Loi.

- **Enfin, la mauvaise gestion de ces entreprises** : le manque de données comptables exactes sur les entreprises se double de l'absence d'un système d'information de gestion (SIG). La faiblesse des informations disponibles sur les opérations des entreprises publiques réduit considérablement l'efficacité du contrôle gouvernemental. L'absence de données ne permettait plus au ministère des finances de déterminer le montant des subventions nécessaires pour maintenir en activité les entreprises en difficulté. Les budgets prévisionnels soumis au Conseil Exécutif National manque de précision.

Aucun des organes de contrôle (Inspection Générale d'Etat, les commissariats aux comptes, le ministère de la justice, etc.) n'a réussi à améliorer l'état des systèmes comptables des entreprises et ceci par manque de manques financiers.

Le système de prix n'a pas assuré la viabilité financière des entreprises. Des retards excessifs ont été observés pour les autorisations d'augmentation de prix.

Lorsque l'entreprise publique réalise des bénéfices, son autofinancement est limité par une répartition des bénéfices qui est fixé par la loi plutôt que d'être décidée en fonction des besoins spécifiques de l'entreprise.

3.3. *La politique agricole à l'épreuve de l'économie socialiste de marché*

La période de l'économie socialiste de marché s'étend de 1982 à 1989 et fait à la période de l'étatisation de l'économie. Ainsi donc, suite au constat d'échec de l'économie étatisée au cours de la période 1972-1982, le Bénin s'est engagé dans l'expérience de l'économie socialiste de marché à partir de 1983.

Un objectif fondamental : juguler les crises engendrées par l'étatisation de l'économie

L'objectif, au cours de cette période était de conjurer les difficultés qui ont secoué l'économie dans son ensemble. Dans ce cadre, plusieurs mesures ont été prises au cours de la période, appuyée par des réformes en termes de lois et décrets, mais les résultats obtenus sont restés mitigés sur l'ensemble de la période.

Les mesures prise à l'ère de l'économie socialiste du marché sont au nombre de cinq (5) :

- *les liquidations :* toutes les sociétés provinciales ont été dissoutes à l'exception des sociétés provinciales des transports et quelques entreprises affaiblies ont été fusionnées.
- *La réforme du cadre institutionnel* : Elle réduit le nombre des membres des conseils d'administration et renforce le contrôle interne des entreprises et la surveillance des ministres de tutelle.

- *Le renouvellement des équipes dirigeantes* : la direction de quelques entreprises a été confiée à de nouvelles équipes.
- *Le déblocage des prix et la remise en question de certains monopoles* : le blocage antérieur des prix a été levé pour plusieurs produits tels que le ciment et la bière. Il a été mis fin aux monopoles détenus par des entreprises publiques pour l'importation de riz, de blé et des produits pharmaceutiques.
- *L'incitation à la production et à la bonne gestion* : elle est caractérisée par la suppression des salaires de 13è mois et l'introduction d'un système de prime de rendement au personnel et aux dirigeants des entreprises publiques.

Les mesures de 1986 font suite à la persistance de la dégradation de la situation des entreprises publiques en dépit des mesures prise en 1982. Il s'agit des liquidations, des privatisations et de la réhabilitation. Le tableau 3 fait le point des entreprises concernées par ces mesures.

Tableau 3 : Liste des entreprises liquidées, privatisées et réhabilitées

Entreprises liquidées		Entreprises privatisées		Entreprises réhabilitées	
1	Société Nationale de Transit et de Consignation (SONATRAC)	1	Société Nationale d'Equipement (SONAE)	1	Caisse Nationale de Crédit Agricole (CNCA)
2	Société de Transit et de Consignation du Bénin (SOTRACOB)	2	Société d'Alimentation Générale du Bénin (AGB)		
3	Société de Distribution des Fournitures et Matériels Administratifs et Scolaires (SODIMAS)	3	Régie de Ravitaillement des Navires (RAVINAR)		
4	Société Générale de Commerce du Bénin (SOGECOB)				
5	Société d'Alimentation Générale du Bénin (AGB)				
6	Office National de Pharmacie du Bénin (ONP)				
7	Office National du Tourisme et de l'Hôtellerie (ONATHO)				
8	Office Béninois du Cinéma (OBECI)				

Entreprises liquidées		Entreprises privatisées	Entreprises réhabilitées
9	Société Nationale des Fruits et Légumes (SONAFEL)		
10	Office Béninois d'Aménagement Rural (OBAR)		
11	Office Béninois des Arts (OBEAR)		
12	Caisse Nationale de Crédit Agricole (CNCA)		

Source : Auteur à partir des données de Adékountè (1996)

L'Etat a fait appel à la Banque Mondiale en vue du redressement économique à partir de 1986. Les mesures institutionnelles suivantes ont été mises en œuvre :

- L'ouverture de la chaîne des transports qui s'est traduite par l'installation de plusieurs sociétés privées de transit ;
- La révision de la loi n°82-008 du 30 novembre 1982 par l'adoption de la loi n°88-005 du 26 avril 1988 relative à la création, à l'organisation et au fonctionnement des entreprises publiques et semi-publiques, loi qui accorde plus d'autonomie de gestion aux dirigeants de ces entreprises ;
- La réduction de la liste de produits soumis à homologation préalable des prix et à marge bénéficiaire.

En dépit de ces réformes, la situation demeure toujours catastrophique. D'où le nouveau programme de réforme.

Le nouveau programme de réforme vise à :

- Réorienter le rôle de l'Etat vers les aspects prioritaires de la gestion publique ;
- Améliorer le cadre institutionnel des entreprises publiques et les rapports entre l'Etat et les entreprises ;
- Renforcer les systèmes de contrôle et d'incitation ;
- Accroître l'efficacité et améliorer les résultats des entreprises.

Des instruments qui mettent l'accent sur le désengagement progressif de l'Etat de l'activité économique

Plusieurs stratégies sont adoptées à savoir :

- La privatisation totale ou partielle d'entreprises pour lesquelles la présence de l'Etat n'est pas nécessaire ;
- La mise en gérance de sociétés ou offices en vue d'améliorer leur gestion ;
- La liquidation des sociétés jugées non viables et qui en l'état n'intéressent pas les privés ;
- Le redressement des entreprises maintenues sous forme publique ;
- La révision du cadre juridique régissant l'organisation et le fonctionnement des entreprises publiques.

Certaines lois ont été prises dans le cadre de la révision du cadre législatif et réglementaire du secteur para-public :

- loi n°88-005 du 26 avril 1988 relative à la création, à l'organisation et au fonctionnement des entreprises publiques et semi-publiques
- loi n°94-009 du 28 juillet 1994 portant création, organisation et fonctionnement des offices à caractère social, culturel et scientifique
- décret n°88-351 du 02 septembre 1988 portant procédure de privatisation du secteur public
- décret n°89-15 du 23 janvier 1989 portant création de la commission d'évaluation des offres de privatisation
- décret n°90-195 du 20 août 1990 portant création d'un fonds de privatisation
- loi n°92-023 du 06 août 1992 portant détermination des principes fondamentaux des dénationalisations et des transferts de propriété d'une entreprise du secteur public au secteur privé
- décret n°92-340 du 07 décembre 1992 portant composition, organisation et fonctionnement de la commission technique de dénationalisation et de transferts de propriété d'entreprise
- loi n°89-014 du 12 mai portant abrogation de l'ordonnance n°76 du 11 juin 1976 et adoption des principes généraux du Crédit Agricole Mutuel en République du Bénin
- décret n°89-58 du 16 janvier 1989 portant exonération d'impôts sur le revenu des créances des CRCAM et CLCAM
- décret n°89-119 du 30 mars 1989 abrogeant le décret n°77-37 du 25 février 1977 et portant approbation des statuts généraux des CRCAM et CLCAM en République du Bénin
- décret n°89-230 du 15 juin 1989 portant abandon des créances de l'Etat et de la CNCA sur les CRCAM et CLCAM
- décret n°90-82 du 9 mai 1990 portant organisation du projet de réhabilitation des CRCAM et CLCAM et création du fonds de réhabilitation de ces caisses

Des résultats caractérisés par une augmentation relative des productions agricoles mais insuffisante pour améliorer sensiblement la croissance économique

Dans la présente section, nous analysons les tendances macroéconomiques observées sur la période de 1982 à 1989, les tendances au plan sectoriel avec notamment un accent sur l'agriculture et l'industrie, et faisons également une analyse microéconomique des performances des entreprises publiques créées comme fer de lance de la gestion économique.

Les tendances macroéconomiques analysées ici portent sur la croissance économique et l'inflation d'une part (figure 9), et d'autre part sur la balance des paiements et la balance commerciale (figure 10). Au regard de la figure 9, on peut noter que sur la période 1983-1989, le taux de croissance économique et le taux d'inflation évoluent en dents de scie tout en étant contracycliques. Le plus fort taux de croissance de la période a été constaté en 1984 et a perduré jusqu'en 1985 avant que les crises ne surviennent pour conduire à une croissance négative en 1987. Cette situation va amener le gouvernement à entreprendre à partir de 1986 jusqu'en 1988 un ensemble de réformes consistant en la liquidation, la privatisation et la réhabilitation d'un certain nombre d'entreprises publiques. De plus, la sollicitation de la Banque Mondiale pour renforcer les mesures sus-citées a quelque peu permis de relancer la croissance en 1987, mais qui malheureusement n'a pas perdurer dans le temps puisque en 1989 l'économie est retombée dans une croissance négative plus sévère que celle de 1987. Cette situation de 1989 a surement justifié la mise en place du premier programme d'ajustement structurel (PAS I) intervenu en 1989.

De son côté, l'inflation a été globalement maîtrisée sur la période puisqu'elle n'a pas dépassé la barre des 3% à l'exception de 1983 où elle a atteint le niveau de 5%. Cette relative maîtrise de l'inflation trouve certainement sa justification dans la maîtrise des coûts de production consécutive aux différentes mesures prises à partir de 1982 (privatisation de certaines entreprises, libéralisation des prix de certains produits, etc.).

Figure 9 : Evolution des taux de croissance et d'inflation de 1983 à 1989

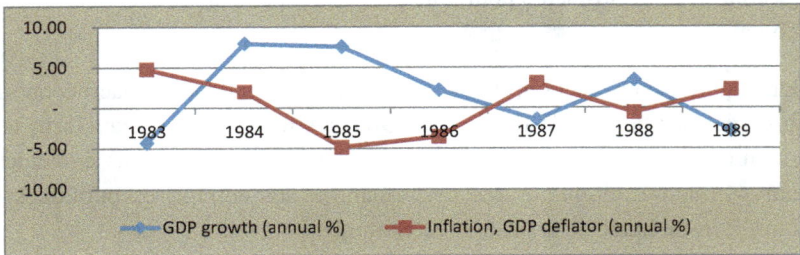

Source : Auteur à partir des données de la Banque Mondiale

Selon la figure 10, on peut noter que bien qu'étant déficitaire, la balance des paiements courants s'est améliorée sauf en 1988 où elle s'est à nouveau dégradée ; la dégradation constatée en 1988 n'a cependant pas atteint le niveau de 1983. Cette tendance observée au niveau de la balance des paiements courants pourrait s'expliquer par l'option de l'économie socialiste de marché qui a sans doute favorisé l'afflux de transferts unilatéraux de la part des agents économiques extérieurs en direction du Bénin. En ce qui concerne le commerce net des biens et services, sa dégradation à partir de 1984 jusqu'en 1988 fait suite à la baisse de la production constatée sur la période. En effet dans le but de compenser le déficit de l'offre consécutif à la baisse de la production, les agents économiques ont dû recourir à une importation massive de biens et services, toute chose aggravant le déficit de la balance commerciale.

Figure 10 : Evolution des taux de la balance des paiements courants et du commerce net de biens et services 1983 à 1989

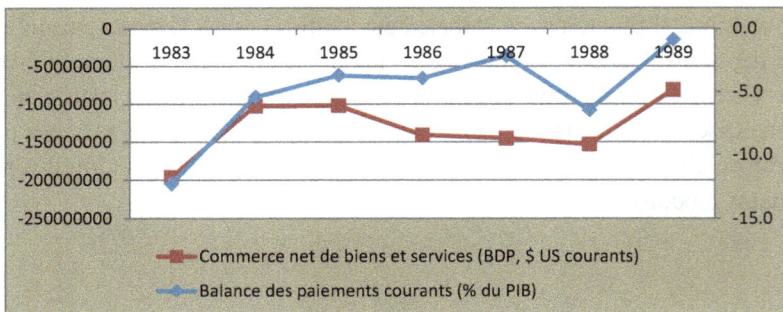

Source : Auteur à partir des données de la Banque Mondiale

Les principales productions agricoles analysées (coton, maïs, manioc) ont connu une même évolution sur la période 1983-1989 (figure 11). Trois phases caractérisent cette évolution : d'abord, une phase d'augmentation allant de 1983 à 1986 pour le coton et le manioc, et de 1983 à 1985 pour le maïs ; ensuite, une phase de baisse de la production qui s'étend jusqu'en 1987 ; et enfin une phase de reprise de la production à partir de 1987. Dans l'ensemble, la production agricole a connu une augmentation relative. Cette augmentation peut se justifier par les mesures et réformes mises en place au cours de la période.

Figure 11 : Evolution de la production (en tonne) de quelques produits agricoles de 1983 à 1989

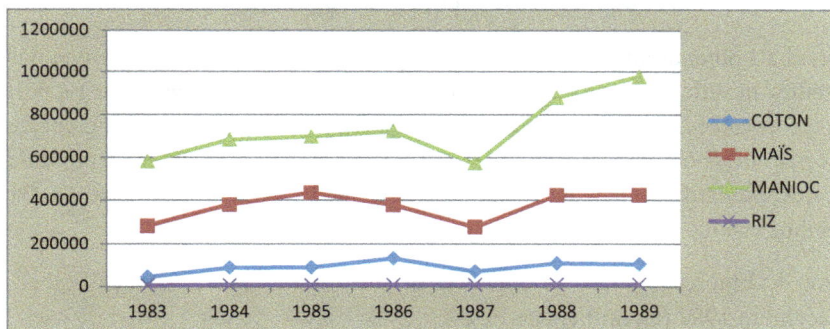

Source : Auteur à partir des données de la Banque Mondiale

La figure 12 montre une baisse de la valeur ajoutée agricole de 1983 à 1985. Cette baisse est consécutive à la crise économique du début des années 80. Sous les premiers effets des mesures prises en 1982, la valeur ajoutée agricole va retrouver son accroissement à partir de 1985 et ce jusqu'en 1989. Il est à noter cependant que cette augmentation de la valeur ajoutée agricole n'a pas permis d'améliorer sensiblement la croissance économique.

En ce qui concerne la valeur ajoutée industrielle, la figure 12 montre qu'elle est relativement stable, mais faible sur l'ensemble de la période. Cette tendance montre que les mesures prises au cours de la période n'ont pas amélioré sensiblement les performances du secteur industriel puisque à partir de 1988, la valeur ajoutée industrielle a amorcé une baisse.

Figure 12: Evolution des valeurs ajoutées agricole et industrielle de 1983 à 1989

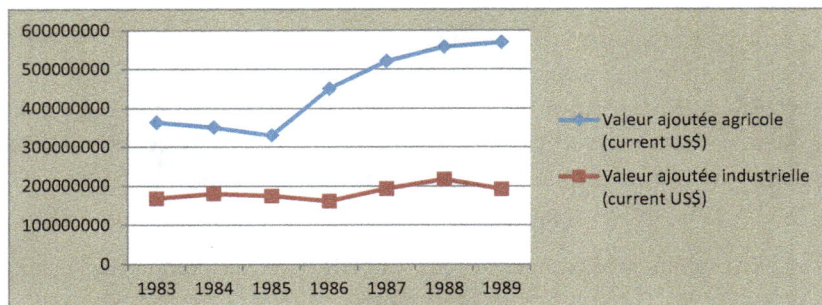

Source : Auteur à partir des données de la Banque Mondiale

Les résultats obtenus au plan microéconomique à la suite de la mise en œuvre des différentes mesures au cours de la période 1983-1989 sont analysés par rapport aux performances du système bancaire, qui rappelons-le, était l'instrument de financement des entreprises publiques et semi-publiques. Le tableau 4 présente l'état récapitulatif des créances des institutions bancaires sur l'Etat au 31 Décembre 1984.

Tableau 4 : Etat récapitulatif des créances des institutions bancaires sur l'Etat au 31 Décembre 1984 (en milliers de FCFA)

Bénéficiaires		BCB	BBD	CNCA	Totaux
Sociétés d'Etat dissoutes		12843596	3306157	5911931	22061684
Sociétés d'Etat non dissoutes		14622282	8623608	1862594	25108484
Sociétés provinciales dissoutes		626742	-	2632765	3259507
Sociétés provinciales non dissoutes		2015593	213337	856711	3085641
Sociétés d'économie mixte		7510436	-	-	7510436
Etat		4882860	-	381162	5264022
Sociétés en liquidation		-	1643640	-	1643640
Découverts non nivelés		-	4661966	-	4661966
Créances douteuses	Sur le secteur public	26600000	10800000	10100000	47300000
	Sur le secteur privé	9400000	2900000	2600000	14900000

Source : GERO F. M. (1985)

Il découle du tableau 4 qu'en 1984, environ 63% des créances des banques sur les entreprises publiques et semi-publiques sont des créances douteuses car impayées à l'échéance des remboursements. Pour la BCB, ces créances impayées sur les sociétés d'Etat se chiffraient en 1984 à plus de 26 milliards de FCFA soit environ

61% de ses créances sur les entreprises publiques. Quant à la CNCA, le montant des créances impayées n'est pas fondamentalement différent du montant des effets arrivés à échéance. Enfin, pour la BBD le montant des créances impayées représente plus de la moitié de l'encours aux entreprises publiques et semi-publiques.

La situation des impayés est par ailleurs d'autant plus préoccupante pour le système bancaire que certaines sociétés publiques endettées étaient déjà dissoutes et de ce fait leurs impayés se sont transformés en créances gelées.

3.4. La politique de la diversification agricole avec un retour progressif du secteur privé

La période du renouveau consacre l'abandon du marxisme-léninisme avec à la clé la libéralisation de l'économie nationale. Ainsi, dans le but de concrétiser les résolutions de la conférence nationale des forces vives de la nation, une nouvelle loi sur la liberté du commerce a été votée. L'Etat, dans le souci de relancer le secteur privé, a entrepris une politique de libéralisation de l'économie. Plusieurs mesures sont prises :

- PAS I [1990-1991] : Rétablissement et consolidation de la stabilité macroéconomique
- PAS II [1992-1994] : Consolidation des acquis du PAS I. Le PAS II vise essentiellement la restructuration des finances publiques, la réforme du système des taxes et impôts, la dérégulation et la démonopolisation du commerce intérieur, l'abolition du contrôle des prix, la réforme du secteur bancaire et une politique de privatisation des entreprises publiques
- PAS III [1994-1999] : Corriger les insuffisances observées en matières sociales des plans passés

Des objectifs mettant l'accent sur la diversification agricole et l'augmentation de la productivité

La période 1990-2006 est l'époque de la diversification agricole avec comme corollaire le retour progressif de l'investissement privé. Six objectifs principaux étaient visés à savoir : i) le renforcement de la participation du secteur rural au développement socioéconomique du pays, ii) la contribution à l'amélioration du niveau de vie des populations, iii) le maintien de la sécurité alimentaire et nutritionnelle dans un contexte de croissance démographique estimée aujourd'hui à 3,2% l'an, iv) la diversification agricole et l'augmentation de la productivité, v) la protection du patrimoine écologique, vi) l'amélioration des rapports homme/femme au sein des communautés rurales. En vue de réaliser ces objectifs, plusieurs orientations stratégiques ont été définies.

Les instruments mis en œuvre

Entre 1990 et 2006, la politique agricole du Bénin va connaître une nouvelle orientation. L'accent sera désormais mis sur la diversification agricole. La Lettre de Déclaration de Politique de Développement Rural (LDPDR) signée en 1991 puis révisée en 1999, et le Schéma Directeur du Secteur de Développement Agricole et Rural (SDDR) élaboré en avril 2000, ont axé les idées force sur la réduction de la pauvreté, la prise en compte des femmes rurales, le renforcement de la sécurité alimentaire, la création d'emplois, la contribution au rétablissement des équilibres macro-économiques et la conversation du patrimoine écologique. Ces idées force sont reprises sous une forme opérationnelle dans le Plan Stratégique Opérationnel (PSO) approuvé en août 2000. Le PSO se décline en 14 plans d'action sous-sectoriels et transversaux et regroupés en cinq grands programmes à savoir : (i) l'amélioration de la productivité agricole, (ii) les infrastructures rurales, (iii) la gestion durable des ressources naturelles, (iv) l'appui au développement des marchés agricoles et (v) l'administration et la gestion des services. Ils ont servi de socle pour l'élaboration et la mise en œuvre des cadres de dépenses à moyen terme (CDMT) et des Budgets-programmes au cours des cinq dernières années. L'avènement des Objectifs du millénaire pour le développement (OMD) et de la Stratégie de Croissance pour la Réduction de la Pauvreté (SCRP), quand bien même il vient conforter les idées forces du cadre stratégique existant, n'a pas été traduit de façon opérationnelle dans les documents en ce qui concerne le secteur agricole, ce qui s'est soldé par une très faible lisibilité dudit secteur dans ces documents fondamentaux durant la période 2000-2006.

Des résultats marqués par une amélioration de l'indice de production alimentaire et un taux de croissance de la contribution au PIB est négatif

En considérant la période de la transition 1990-1991, la figure 13 montre la situation de la croissance économique et de l'inflation en 1990 et 1991. On peut noter que la tendance est la même pour les deux indicateurs sur la période. La forte croissance économique observée en 1990 (8,98%) résulte sans doute des effets de la mise en œuvre du PAS III. L'inflation quant à elle a été maîtrisée autour de 2,17% en 1990, et cette maîtrise de l'inflation s'est poursuivie en 1991, où elle était de 0,75%. Cependant, il convient de noter qu'en 1991, la croissance a baissée de moitié comparativement à son niveau de 1990 ; cette baisse pourrait s'expliquer par le fait que la période 1990-1991 a été celle des premières élections démocratiques, où l'activité économique a connu un ralentissement.

Figure 13: Evolution des taux de croissance et d'inflation de 1990 à 1991

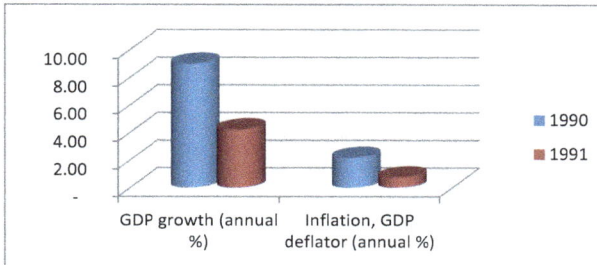

Source : Auteur à partir des données de la Banque Mondiale

Toujours au cours de la période de transition, on peut noter sur la figure 14 que les déficits tant de la balance des paiements courants que de la balance commerciale se sont aggravés, mais cette aggravation est plus prononcée au niveau de la balance commerciale.

Figure 14 : Evolution des taux de la balance des paiements courants et du commerce net de biens et services 1990 à 1991

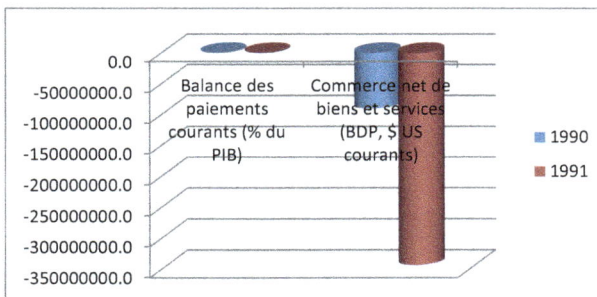

Source : Auteur à partir des données de la Banque Mondiale

La figure 15 montre une augmentation des différentes productions agricoles en 1990 et 1991. Cette augmentation pourrait être le résultat de la mise en œuvre du PAS II et de la prise de nouvelles lois et décrets dans le domaine de l'agriculture notamment le décret n°89-119 du 30 mars 1989, le décret n°89-230 du 15 juin 1989 et le décret n°90-82 du 9 mai 1990.

Figure 15 : Evolution de la production (en tonne) de quelques produits agricoles de 1990 à 1991

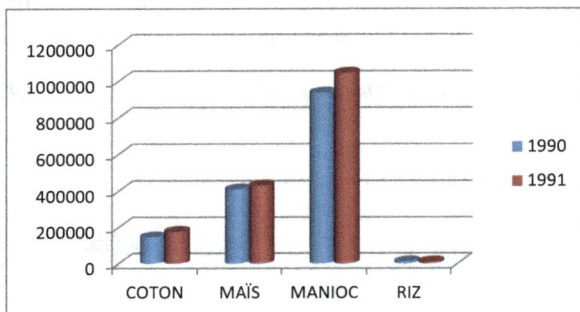

Source : Auteur à partir des données de la Banque Mondiale

La valeur ajoutée agricole a connu une légère augmentation en 1991 par rapport à 1990 ; cette augmentation est sans doute le résultat de l'accroissement des niveaux de production agricole. La valeur ajoutée industrielle par contre a connu une baisse relative en 1991 par rapport à son niveau de 1990, témoignant ainsi de l'état embryonnaire du secteur industriel qui désormais est passé aux mains du privé qui a besoin du temps pour s'organiser.

Figure 16 : Evolution des valeurs ajoutées agricole et industrielle de 1990 à 1991

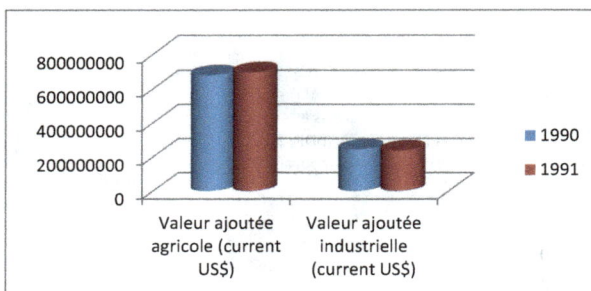

Source : Auteur à partir des données de la Banque Mondiale

Pour l'ensemble de la période 1990-2006, les résultats obtenus au cours de la sous-période 1990-2006 se présentent comme suit : les taux d'accroissement moyens annuels de la production sont de 5% pour le coton, 58% pour le maïs, 15% pour le riz et 6% pour le manioc (figure 17).

Figure 17 : Taux de croissance moyen annuels de quelques produits agricoles en 1990 et 2006

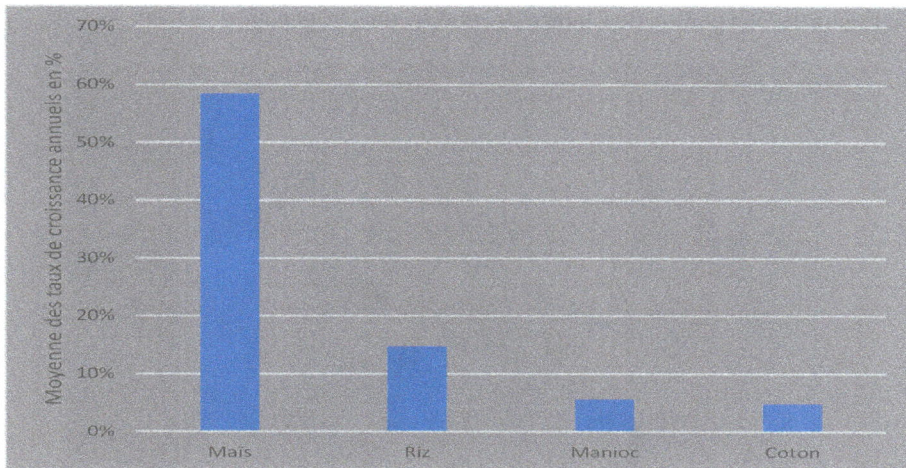

Source : Auteur à partir des données de la Banque Mondiale

Le taux de croissance de la contribution de l'agriculture au PIB est négatif (-0,36%). La part de la valeur ajoutée agricole dans le PIB a oscillé entre 32 % et 37 %. La plus forte valeur de cette part est obtenue en 1998 et la plus faible en 2003 (figure 18). Le taux de croissance moyen annuel de la valeur ajoutée agricole est de 10%.

Figure 18 : Evolution de la part de la valeur ajoutée agricole dans le PIB de 1990 à 2006

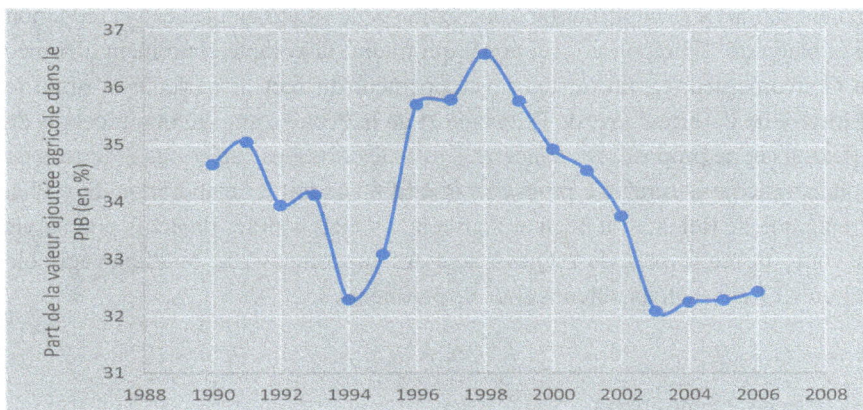

Source : Auteur à partir des données de la Banque Mondiale

Figure 19 : Evolution de l'indice de production alimentaire

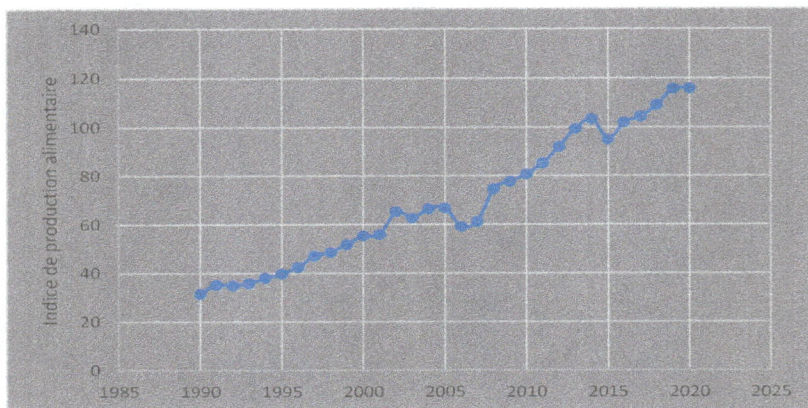

Source : Auteur à partir des données de la Banque Mondiale

3.5. *La décennie des approches filière et chaîne de valeur*

La décennie 2006-2016 a été place sous le signe de l'émergence économique. Le Bénin devrait devenir à l'horizon 2016 un pays de création de richesse, de croissance économique et de prospérité. Pour honorer cet engagement solennel, l'Agriculture est ciblée comme l'une des priorités du Gouvernement de par ses importants atouts physiques et socio-économiques pouvant permettre d'assurer l'amélioration de sa contribution à la création de la valeur ajoutée et à la réduction de la pauvreté. En réponse à cet appel qui traduit la volonté clairement affirmée du Gouvernement en faveur du développement du secteur agricole et rural, le Ministère de l'Agriculture, de l'Elevage et de la Pêche a engagé un processus de réflexions et de propositions concertées avec les diverses catégories d'acteurs du monde agricole et rural. Ce processus itératif a conduit à l'élaboration du « Plan Stratégique de Relance du Secteur Agricole ». Quels sont les objectifs poursuivis au cours de cette période ? Quels sont les instruments de politique agricole élaborés ? Les résultats obtenus sont-ils pertinents ?

Des objectifs quantifiables

Dans la décennie 2006-2016, la politique de diversification agricole amorcée en 1990 sera poursuivie avec de nouvelles approches notamment l'approche filière et l'approche chaîne de valeur. L'une des nouveautés ici comparativement aux périodes antérieures est que les objectifs de politique agricole sont chiffrés donc facilement évaluables. Le document de référence est le Plan Stratégique de Relance du Secteur Agricole (PSRSA). Deux objectifs sont assignés à l'agriculture : i) réduire de 33% à 15% la proportion de la population béninoise souffrant de la faim et de malnutrition à l'horizon 2015 en conformité avec l'objectif de réduction de pauvreté des OMD, ii) augmenter de 50% à l'horizon 2015 le volume des exportations de produits agricoles. Des objectifs spécifiques chiffrés en matière de production sont formulés pour chaque filière agricole. Il s'agit d'accroître, de 2007 à 2015, les productions du coton, du maïs, du riz et du manioc respectivement de 200%, 104%, 428% et 203%. Le tableau 5 fait le point des objectifs assignés à la politique agricole pour la période 2006-2016.

Tableau 5 : Les objectifs de politique agricole au Bénin contenue dans le PSRSA

Objectif de compétitivité	Produits agricoles	Production en 2007	Objectifs de production en 2015		Stratégies opérationnelles
			Valeur (en tonnes)	Accroissement (%)	
	Coton	200000	600000	200	Semences
	Anacarde	50000	120000	140	Intrants
	Ananas	150000	600000	300	Mécanisation
Augmenter de 50% les exportations agricoles	Maïs	931599	1900000	104	Financement Marchés
	Igname	1450000	3500000	141	Innovations
	Manioc	2809000	8500000	203	Aménagements
	Bovin	56348	92000	63	agricoles
	Poisson/ Crevettes	L'objectif est de réduire les importations de 20%			Foncier
	Riz	72960	385000	428	

Source : PSRSA (2011)

Des stratégies opérationnelles pour assurer le développement des chaînes de valeurs ajoutées par filière agricole

Pour réaliser ces objectifs, des stratégies opérationnelles sont définies. Au nombre de ces stratégies, on peut citer le renforcement de la disponibilité et de l'accessibilité aux semences de qualité, le renforcement de l'accessibilité aux intrants, la mécanisation des activités agricoles, la mise en place de financements adaptés et accessibles, la facilitation de l'accès aux marchés. Tout ceci dans un cadre institutionnel qui repose sur un Conseil National d'Orientation et de Suivi (CNOS) avec ses démembrements départementaux et communaux.

Nous présentons ici quelques-unes de ces stratégies que nous tirons du PSRSA. La première stratégie concerne le renforcement de la disponibilité et de l'accessibilité aux semences de qualité. En 2005, le Bénin s'est doté en décembre 2005 d'une politique nationale semencière dont la vision est de faire de la production des semences une filière performante, sécurisée et durable répondant au besoin de productivité et compétitivité de l'agriculture béninoise. Dans le cadre de la redéfinition du rôle de l'Etat, marquée par son désengagement des activités de production et de commercialisation des produits agricoles, l'option choisie est de mettre en œuvre cette politique de concert avec tous les acteurs concernés, notamment les opérateurs privés. Les options stratégiques retenues sont les suivantes :

- L'Etat garantit la qualité des semences au travers de la recherche agronomique et la production de semences de pré-base et de base ;
- Le secteur privé et les organisations paysannes, prennent en charge la multiplication et la commercialisation des semences, à travers des opérateurs spécialisés ;
- L'Etat se recentre sur ses fonctions de contrôle et de régulation par le biais de la certification des semences et de l'agrément des opérateurs spécialisés ;
- Les capacités des différentes institutions concernées sont renforcées, notamment celles de la recherche agronomique, et celles des organisations de producteurs et spécialistes de la profession ;
- L'Etat facilite l'accès au financement aux opérateurs économiques, autant aux multiplicateurs et aux distributeurs de semences afin qu'ils puissent en assurer la disponibilité d'une part et d'autre part aux producteurs afin qu'ils puissent accéder aux semences améliorées ;
- L'Etat, les OPA et le secteur privé se concertent pour l'élaboration des plans de production et la détermination des prix des semences améliorées.

La deuxième stratégie concerne le renforcement de l'accessibilité aux intrants. Les mesures spécifiques prises sont les suivantes :

- L'appui aux structures de recherche pour la mise au point des spécifications techniques en termes de fertilisation, de traitements phytosanitaires et même de stockage, etc. ;
- La clarification du cadre réglementaire national en prenant pour base le cadre réglementaire sous-régional aux fins d'identification et de mise en œuvre de dispositions fiscales incitatives ;
- La mise à disposition de la nomenclature agréée aux plans national, sous régional, régional et international aux acteurs des filières d'approvisionnement d'intrants ;
- La professionnalisation des distributeurs à travers leur formation, leur certification et la structuration de leurs familles professionnelles ;
- L'évaluation des effets et impacts des intrants sur l'environnement ; et
- Le développement et la mise œuvre de mesures d'atténuation des impacts et la promotion d'intrants biologiques.

La troisième stratégie met l'accent sur la disponibilité de matériels agricoles. Les actions prioritaires envisagées sont les suivantes :

- Suivre, tester, expérimenter et évaluer les matériels fabriqués localement en vue de leur amélioration, de leur homologation et de leur vulgarisation ;
- Rassembler les normes de travail pour chaque catégorie de matériel en rapport avec les différents types de sol et procéder aux études technico-économiques subséquentes y compris les études d'impact environnemental ;
- Organiser, au moins une fois par an, une foire d'exposition des matériels locaux ;
- Recenser les fabricants locaux de matériels et équipements agricoles ;
- Appuyer les entreprises locales existantes par le développement de l'expertise locale en matière de mécanisation agricole ;
- Définir et mettre en œuvre en liaison avec les services concernés les programmes de formation des utilisateurs de matériels agricoles et les artisans locaux ;
- Réduire ou supprimer les frais de douanes sur les matières premières et les pièces importées destinées à la fabrication de matériel agricole au niveau local ;
- Faciliter l'importation et la distribution du matériel agricole et de transformation à travers les structures proches du terrain ;

- Mettre en place des mécanismes participatifs permettant d'assurer une répartition équitable et une gestion efficace des dons en équipements et matériels agricoles ;
- Mettre en place des mesures d'exonération fiscale et douanière pour promouvoir les importations de matériel de production agricole et post-récolte (décortiqueuses, égreneuses, râpeuses, presses à huile, plateformes multifonctionnelles, etc.).

La mise en place de financements adaptés et accessibles constitue la quatrième stratégie. Le but est d'accroître la productivité agricole pour faire face aux exigences de l'économie de marché et d'améliorer le niveau de vie des producteurs agricoles et autres acteurs. Au nombre des mesures à prendre, il y a l'appui à la création d'une Banque Agricole, la mise en place par l'Etat du Fonds National de Développement Agricole (FNDA) et la création d'un environnement favorable à la mise en place par le secteur privé des Institutions de Financement répondant aux spécificités du secteur agricole.

La cinquième stratégie met l'accent sur la facilitation à l'accès au marché. Les actions envisagées sont le développement d'infrastructures adéquates, le renforcement du dispositif de contrôle et l'identification des opportunités d'affaires avec la dynamisation du système d'information sur les marchés, la promotion des opportunités sur le marché national et le développement des chaînes de valeurs ajoutées par filière agricole.

Des résultats caractérisés par une amélioration de l'indice de production alimentaire et une contreperformance dans le secteur du coton

Bien que les productions aient connu une réelle augmentation, il convient de noter toutefois que les objectifs fixés au départ ne sont pas atteints pour les quatre filières que nous avons présentées. Les taux d'accroissement moyens annuels de la production sont de 6% pour le coton, 3% pour le maïs, 15% pour le riz et 4% pour le manioc (figure 20). Le plus fort taux de croissance est observé au niveau de la filière riz.

Figure 20 : Taux de croissance en % des productions de quelques produits agricoles

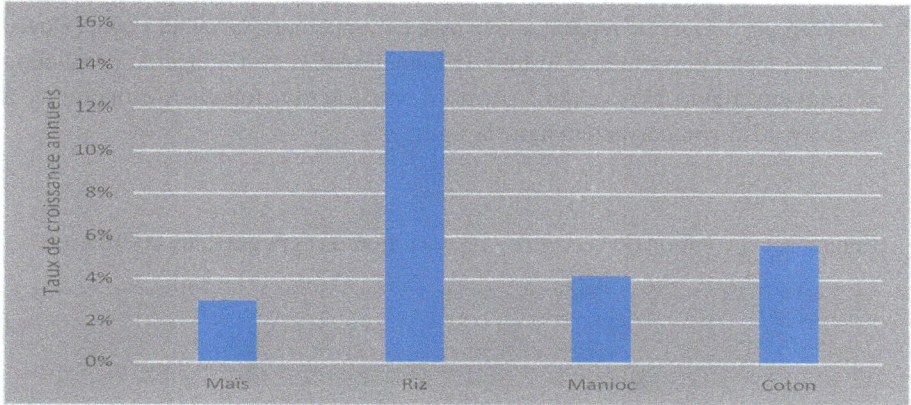

Source : Auteur à partir des données de la Banque Mondiale

Les contre-performances observées au niveau du coton (6% de croissance selon la figure 20) sont à la base de la baisse de la croissance du PIB à partir de 2013 comme on peut le remarquer sur la figure 21.

Figure 21 : Evolution du taux de croissance du PIB en % annuel

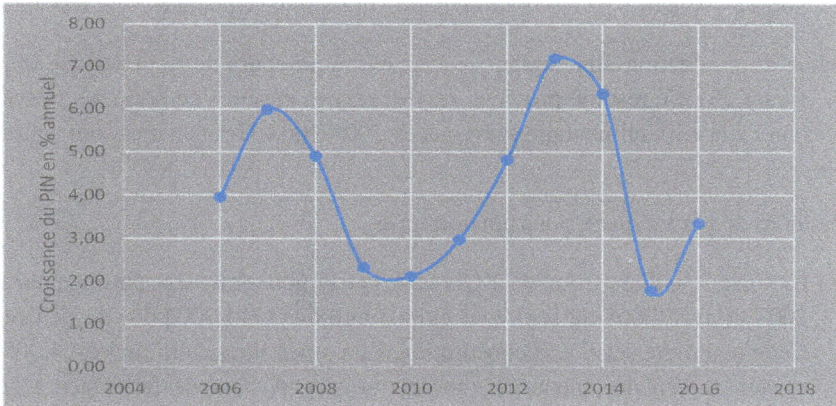

Source : Auteur à partir des données de la Banque Mondiale

Le taux de croissance moyen annuel de la valeur ajoutée agricole est de 7% et le taux de croissance de la contribution de l'agriculture au PIB est d'environ 1,17%. En observant la figure 22, la part de la valeur ajoutée a connu sa valeur la plus faible en 2013 avant de répartir à la hausse pour atteindre sa valeur la plus élevée en 2016. Cette performance résulte de l'amélioration de l'indice de production alimentaire (figure 23) ; ce qui a permis d'améliorer la croissance économique à partir de 2015 comme en témoigne la figure 21.

Figure 22 : Evolution de la part de la valeur ajoutée agricole dans le PIB en %

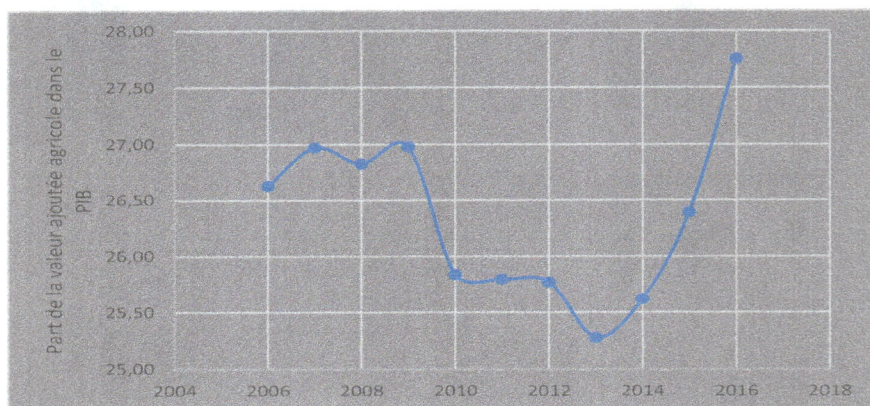

Source : Auteur à partir des données de la Banque Mondiale

L'indice de production alimentaire s'est amélioré au cours de la période 2006-2016 (figure 23). Ce résultat provient des différentes mesures de politique prises à la faveur de la crise alimentaire survenue en 2007-2008. Ces mesures sont, entre autres :

Au nombre de ces mesures, nous pouvons citer :

- La mise à la disposition de l'ONASA par le gouvernement en novembre 2007 et avril 2008 de sept cent quinze millions (715.000.000) de FCFA. Cette somme a servi à la constitution d'un stock tampon d'environ 4.000 tonnes de céréales (maïs, riz, sorgho, soja, gari) afin de faire face à la pénurie alimentaire qui s'annonçait déjà et pour ainsi offrir aux producteurs agricoles l'opportunité de vendre leur surplus de céréales et à la fois, approvisionner en temps opportun les zones déficitaires. Ce stock a été rétrocédé aux populations cibles au prix modéré et unique de 165 FCFA le kilogramme en ce qui concerne le maïs ;

- Le renforcement de la capacité de stockage de l'ONASA en partenariat avec le secteur privé à travers le déblocage d'un montant d'un milliard huit cent millions (1 800 000 000) de francs CFA pour installer et approvisionner les boutiques témoins dans les 77 communes du Bénin
- L'installation de 87 boutiques témoins pour rapprocher les produits des consommateurs avec une stratégie de déconcentration du stock de produits collectés à tous les départements ;
- La promotion de la production végétale à cycle court notamment la pomme de terre, le riz, le maïs, les produits maraîchers.
- L'accélération des travaux d'aménagements sommaires en cours ainsi que la mise en place des semences, des engrais et les crédits aux producteurs ;
- L'organisation durant toute la campagne 2008-2009 d'un suivi rapproché des producteurs agricoles en général et ceux impliqués dans les programmes initiés par l'Etat pour la promotion de l'agriculture ;
- La mise en œuvre du Programme d'Urgence d'Appui à la Sécurité Alimentaire (PUASA), programme spécial pour la production de maïs et de riz de contre saison jusqu'à hauteur de 26 250 tonnes pour le maïs et 21 750 tonnes pour le riz ;
- La mise œuvre du Programme de Promotion de la Mécanisation Agricole (PPMA) ;
- L'importation spéciale et la mise en vente de 755 tonnes de riz sur une prévision de 4000 tonnes par le gouvernement ;
- L'élaboration des requêtes à soumettre aux partenaires techniques et financiers en vue d'obtenir leur soutien à un accroissement des disponibilités vivrières et à une amélioration durable de la production agricole locale.

Figure 23 : Evolution de l'indice de production alimentaire entre 2006 et 2016

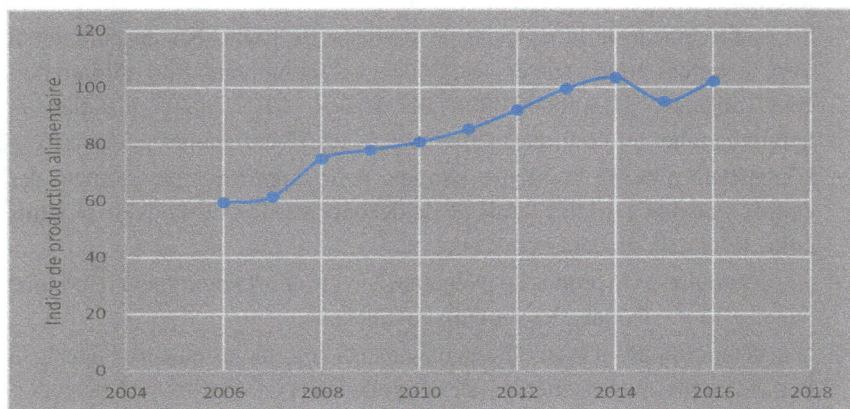

Source : Auteur à partir des données de la Banque Mondiale

3.6. L'ère de la territorialisation du développement agricole

La territorialisation du développement agricole, amorcée depuis avril 2016, peut-elle combler ces attentes ? Nous parcourons le quinquennat 2016-2021 en revisitant les objectifs, les instruments et les résultats obtenus.

Un objectif centré sur l'amélioration des performances de l'Agriculture béninoise

Selon le Plan Stratégique de Développement du Secteur Agricole (PSDSA), l'objectif global est « d'améliorer les performances de l'Agriculture béninoise, pour la rendre capable d'assurer de façon durable la souveraineté alimentaire et nutritionnelle, de contribuer au développement économique et social des hommes et femmes du Bénin et l'atteinte des Objectifs de Développement Durable (ODD) ». Cet objectif global est décliné en trois Objectifs Spécifiques (OS), à savoir :

OS1.   Contribuer à la croissance et à la souveraineté alimentaire et nutritionnelle des populations, hommes et femmes, à travers une production efficace et une gestion durable des exploitations dirigées aussi bien par les hommes que par les femmes et les jeunes.

OS2.   Assurer la compétitivité et l'accès des productions et produits agricoles et agroalimentaires y compris ceux produits par les femmes et les groupes vulnérables aux marchés grâce à la promotion des filières agricoles.

OS3.   Renforcer la résilience des populations vulnérables (hommes et femmes) notamment des exploitations familiales agricoles (sous -secteurs agriculture, élevage et pêche/aquaculture).

Le tableau 6 montre les objectifs quantitatifs à atteindre en 5 ans.

Tableau 6 : Les objectifs quantitatifs assigné à l'agriculture en 5 ans

Filières /sous-secteur	Objectifs quantitatifs à atteindre en 5 ans
1. Filières à haute valeur ajoutée	
Ananas	Améliorer les rendements de 60 à 80 tonnes par ha et porter le niveau de l'exportation à 24 000 tonnes vers l'UE
Anacarde	Transformer localement au moins 50% des noix brutes à l'horizon 2021
Produits maraîchers	Augmenter la production des cultures maraîchères de grande consommation de 25%
2. Filières conventionnelles	
Riz	Augmenter le rendement de 4 à 5 T par ha et améliorer la production de riz blanc à 385 000 T par an
Maïs	Améliorer le rendement à 1,5T/ha et augmenter la production de maïs grain à 1 800 000 T de maïs grain à l'horizon 2021
Manioc	Améliorer le rendement à 20T/ha
3. Filières animales	
Viande	Améliorer la production de viande à 104 000 T
Lait	Augmenter à 172 000 T la production de lait de vache d'ici 2021
Œufs de table	Améliorer la disponibilité en œufs de table à 25 000 T d'œufs à l'horizon 2021
4. Productions halieutiques	
Pisciculture continentale	Produire environ 20 000 T de poisson en 5 ans.
5. Aménagements hydroagricoles	
Ha aménagé et barrages à construire	Faire l'aménagement de19 232 ha et construire 11 barrages
Km de piste aménagé	Réaliser l'aménagement de 690 km de pistes dont 40km de digue-pistes et construire une dizaine de débarcadères
Jeunes à installer	Procéder à l'installation de 2 500 jeunes entrepreneurs agricoles
6. Développement de l'irrigation	
Retenue d'eau	La réhabilitation de 120 retenues d'eau réalisée avec 56 constructions
Ha irrigués	L'irrigation de 11 000 ha de périmètres rizicoles avec 300 ha en polyculture
7. Mécanisation agricole	
Ha à mécaniser	Les opérations culturales seront mécanisées sur 300 000 ha à l'horizon 2021 sur une emblavure estimée à 3 000 000 ha, soit une amélioration de 10%.
Source : Extrait du PAG agricole, 2016	

La réforme institutionnelle comme stratégie pour atteindre les résultats

La nouvelle approche de développement agricole du Gouvernement passe par la promotion de Pôles de Développement Agricole (PDA) au côté des douze Direction Départementales de l'Agriculture, de l'Elevage et de la Pêche (DDAEP). Chaque DDAEP devra exercer pleinement ses missions régaliennes notamment de contrôle, de régulation, de mise en œuvre de la politique de l'Etat, incarné par le MAEP.

Les pôles de développement agricole participent à : (i) une stratégie de territorialisation du développement agricole pour mieux valoriser les potentialités locales ; (ii) un moyen de concrétisation de la vision « Investir pour une agriculture de grande envergure », à travers un dispositif proche de la base pour la mise en œuvre des programmes spécifiques par filière, avec des structures opérationnelles plus adaptées aux caractéristiques de chaque zone ou région du pays. Dans ce cadre, des filières porteuses seront déclinées en projets structurants cohérents dont le pilotage et la coordination seront assurés par une ATDA (Agence Territoriale de Développement Agricole) au niveau de chaque pôle. Cette agence sera animée par une équipe opérationnelle de gestion.

L'appui sera effectué par le Secrétariat Général du MAEP et les directions centrales et techniques afin de renforcer les capacités techniques des ATDA. Les missions et attributions des ATDA selon le décret n° 2017-101 du 27 février 2017, consistent à (i) mettre en œuvre la politique agricole propre à promouvoir les filières porteuses spécifiques aux Pôles de Développement Agricole (PDA), (ii) initier des actions permettant de s'assurer que les objectifs du gouvernement en matière de promotion des filières et du développement des territoires soient réalisés et produisent des résultats et effets visibles, (iii) faciliter l'accès des producteurs aux facteurs de production, (iv) mettre en place ou renforcer les infrastructures agricoles structurantes, (v) faciliter l'accès des acteurs des filières aux informations et innovations ainsi qu'au conseil agricole et (vi) suivre de façon rapprochée les acteurs dans l'application effective des innovations introduites.

Les cinq grands axes d'intervention sur lesquels se fonde le PSDSA sont les suivants :

- L'amélioration de la productivité et de la production des produits végétaux, animaux et halieutiques des filières agricoles prioritaires ;
- La promotion et la structuration équitable des Chaînes de Valeurs Ajoutées (production, transformation, normalisation, standardisation et labellisation, cadre de concertation et commercialisation) des produits végétaux, animaux et halieutiques des filières prioritaires ;
- Le renforcement de la résilience des populations vulnérables hommes et femmes (gestion durable des terres et adaptation aux changements climatiques, gestion des risques) face aux changements climatiques et l'amélioration de la sécurité alimentaire et nutritionnelle des populations vulnérables (nutrition, filets sociaux etc.);

- L'amélioration équitable de la gouvernance (renforcement institutionnel et coordination intersectorielle à différentes échelles) du secteur agricole et de la sécurité alimentaire et nutritionnelle ; et
- La mise en place de mécanismes de financements et d'assurance adaptés et accessibles aux différents types d'exploitations agricoles et catégories d'acteurs des maillons des filières agricoles, y compris les femmes, les jeunes et les primo-entrepreneurs.

Une croissance économique stable tirée par le secteur cotonnier

Selon la figure 24, le coton affiche le taux de croissance moyen annuel le taux élevé sur l'ensemble de la période 2016-2021. Au nombre des mesures qui ont favorisé cette performance, on peut, comme l'indique le rapport de performance du secteur agricole 2019-2020, citer :

- Le recentrage de l'Etat sur ses rôles régaliens et la pleine responsabilisation des acteurs, en cohérence avec les principes directeur du PSDSA ;
- Les activités de sensibilisation, d'encadrement rapproché des acteurs dans le cadre de l'accord cadre AIC-Gouvernement ;
- La facilitation de l'accès aux intrants avec les mesures ayant permis de mettre en place à temps les intrants auprès des coopératives villageoises des producteurs de coton ;
- L'intensification de la culture cotonnière dans certaines régions de production ;
- Le paiement des fonds coton à bonnes dates ;
- Les mesures incitatives instaurées comme l'attribution des primes aux meilleurs producteurs à travers l'organisation de la fête des cotonculteurs, et
- L'incitation résultant du couplage de l'accès aux engrais vivriers avec la culture cotonnière.

Le riz n'est pas en marge de cette tendance à la hausse. L'amélioration des rendements, les aménagements hydroagricoles, la disponibilité et l'accessibilité aux intrants spécifiques, le renforcement de capacités des acteurs sur les paquets technologiques sont en effet des facteurs qui ont favorisé cette performance.

Figure 24 : Taux de croissance moyen de la production de quelques produits agricole entre 2016 et 2021 en %

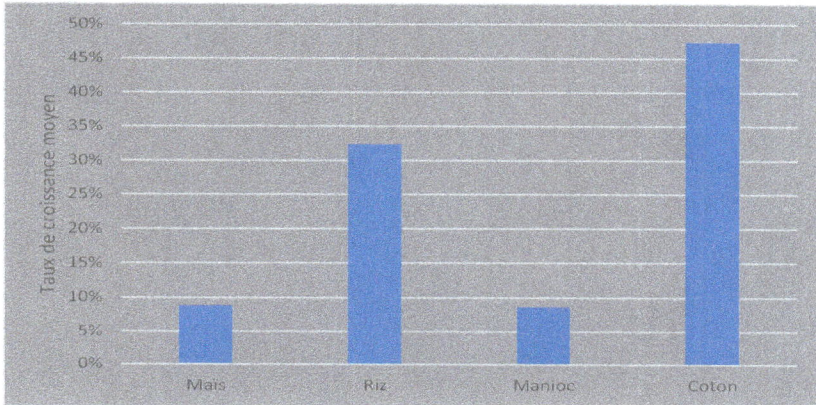

La part de la valeur ajoutée agricole dans le PIB est forte en 2017 (figure 25) surtout avec la promotion des filières à haute valeur ajoutée comme l'ananas, l'anacarde et les cultures maraîchères.

Figure 25 : Evolution de la part de la valeur ajoutée agricole dans le PIB en %

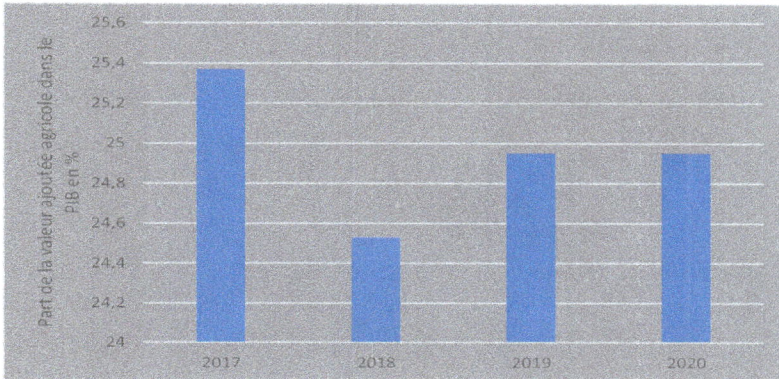

L'observation de la figure 26 révèle que le taux de croissance du PIB est resté plus ou moins stable de 2017 à 2021. La baisse de la croissance observée en 2020 est due essentiellement à la survenance de la crise sanitaire responsable de la hausse des prix des denrées alimentaires. La production agricole a joué en ce moment un rôle amortisseur notamment par la hausse de la production vivrière en particulier les céréales, les racines et tubercules, les légumineuses et les cultures maraichères.

Figure 26 : Evolution du taux de croissance du PIB en % de 2017 à 2021

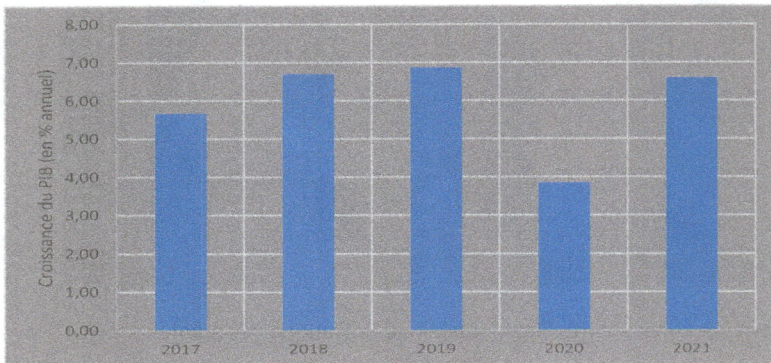

Source : Auteur à partir des données de la Banque Mondiale

L'indice de production alimentaire a connu une tendance à la hausse depuis 2017 (figure 27). Ceci peut s'expliquer la hausse de la production céréalière (3,2%), celle des racines et tubercules (2,8%) notamment l'igname et le manioc, les légumineuses (16,1%), les cultures maraichères (1,5%) et dans une moindre mesure par la production de maïs.

Figure 27 : Evolution de l'indice de production alimentaire de 2017 à 2020

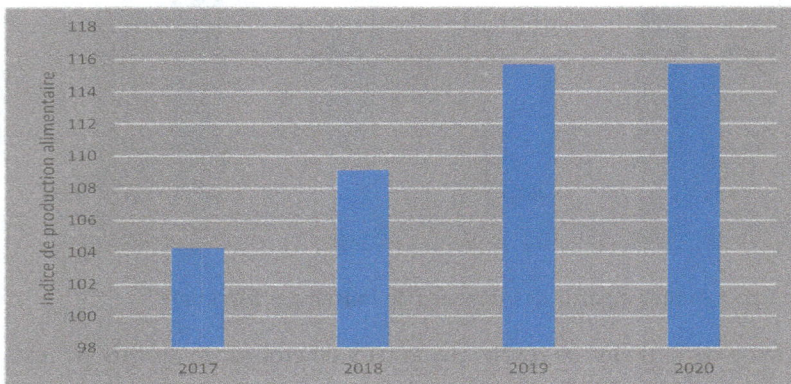

Source : Auteur à partir des données de la Banque Mondiale

4. Conclusion

Les mesures de politique agricole mises en œuvre au cours des différentes périodes ont certainement permis de répondre à un certain nombre d'impératifs en matière de croissance économique. Si les mesures mises en œuvre sont pertinentes au regard des impératifs de développement, force est cependant de constater qu'en visant seulement la sphère productive, elles occultent des considérations liées au marché (compétitivité interne et externe du secteur agricole). Le résultat en est une remise en cause continuelle des politiques agricoles en fonction des gouvernements et leur éternel ajustement. Au regard de l'analyse de la politique agricole au Bénin de 1960 à 2021, certains constats pertinents se dégagent à savoir :

Des objectifs de politique agricole généralement orientés vers la production

Traditionnellement, toute politique économique poursuit des objectifs consignés. Ces objectifs sont le plein emploi, la croissance économique, la stabilité des prix et l'équilibre extérieur. Toute politique agricole qui se veut être pertinente doit pouvoir poursuivre ces objectifs. S'agissant de l'objectif de croissance agricole, il tient compte à la fois de l'augmentation des niveaux de production agricole que de l'accroissement des valeurs ajoutées agricoles. L'atteinte de cet objectif passe entre autres par une politique judicieusement élaborée qui favorise le retour de l'investissement privé et de l'entreprenariat agricole d'une part, et qui entraîne une certaine modernisation sous forme d'introduction d'innovations. En ce qui concerne l'objectif de stabilité des prix, il consiste à maîtriser l'inflation des prix des produits agricoles et à la maintenir à un niveau minimal. Ici, la politique agricole, en faisant recours aux mécanismes de marché, doit pouvoir introduire l'économie au cœur du développement agricole. Pour ce qui est de la balance courante agricole, il devra veiller à accroître les exportations et à réduire les importations. C'est ici l'importance des politiques commerciales (tarifs, quotas, intégration économique, libéralisation commerciale, etc.) et de toutes politiques visant à améliorer la compétitivité des produits agricoles nationaux. Pour ces dernières politiques, il est impérieux de définir des indicateurs de compétitivité bien élaborés par rapport auxquels pourraient se mesurer et ajuster les performances du secteur agricole. Quant à l'objectif de réduction de chômage agricole, il vise à rendre incitatif le secteur agricole par la création de conditions idoines en vue d'attirer la main-d'œuvre oisive.

Malheureusement, la politique agricole du Bénin depuis les indépendances à ce jour est centrée sur les objectifs de production et de productivité. Ce faisant, les objectifs en ce qui concerne les marchés (marchés des produits, marchés des facteurs, marché du travail, marchés des capitaux, marchés internationaux) sont délaissés.

Des objectifs de politique agricole mal formulés et des instruments inadéquats

En matière de politique économique, si, les finalités sont généralement qualitatives, les objectifs, quant à eux sont quantifiables (De Boisseau, 1980). Le même principe demeure en politique agricole. Les objectifs comme le plein emploi en agriculture (pleine utilisation de la main d'œuvre et des équipements disponibles), la croissance du PIB agricole, la stabilité des prix agricoles et le maintien d'une balance commerciale agricole excédentaire devront être quantifiables en vue de leur bonne évaluation.

Au cours des deux premières périodes de l'évolution de la politique agricole au Bénin, le constat est que les objectifs ne sont pas quantifiés. Dans le dernier document de politique agricole notamment le PSRSA, deux objectifs sont assignés au secteur agricole. Premièrement, l'agriculture devrait permettre de réduire de 33 à 15% la proportion de la population béninoise souffrant de la faim et de malnutrition d'ici 2015 à 2020. Deuxièmement, le volume des exportations de produits agricoles devrait augmenter de 50%. Au niveau de chaque filière, des objectifs d'augmentation des productions et de réduction des importations notamment dans la filière poisson/crevettes sont annoncés. Il en est de même dans le PSDSA. Cependant, le constat est qu'il n'existe pas une adéquation entre les objectifs de chaque filière et les deux objectifs généraux. Les questions qui se posent sont : Les taux d'accroissement des productions agricoles annoncés sont-ils en adéquation avec les pourcentages évoqués au niveau des deux objectifs généraux ? L'augmentation des productions agricoles est-elle le gage d'une sécurité alimentaire réussie d'une part, et de l'amélioration de la balance commerciale d'autre part ?

L'absence de règles

Les deux règles en matière de politique économique sont la règle de cohérence de Tinbergen et celle d'efficience de Mundell. Pour atteindre les objectifs de production annoncés, plusieurs stratégies opérationnelles sont annoncées. Au nombre de ces stratégies, on a les semences de qualité ; les intrants améliorés ; la mécanisation adaptée ; le financement accessible ; les marchés accessibles ; l'accès aux connaissances professionnelles et aux innovations ; les aménagements agricoles ; et la sécurisation et gestion de l'accès au foncier. A l'examen de ces instruments ou stratégies opérationnelles, non seulement ils ne sont pas clairement définis, mais aussi et surtout on ne peut pas dire à quels objectifs ils sont affectés. Par exemple lorsqu'on prend l'instrument d'amélioration des intrants, les questions suivantes méritent d'être posées : De quels types d'intrants s'agit-il ? A quel type de productions agricoles les affecter ? Quels types d'objectifs de politique agricole cet instrument permet d'atteindre ? De quelle quantité a-t-on besoin ? A quels prix céder ces intrants aux producteurs ? Quelles sont les politiques de prix et de subvention adoptées ? Etc. Toutes ces questions restent malheureusement sans réponses. Les instruments ne sont pas affectés de manière rationnelle aux objectifs qui eux-mêmes sont basés sur des hypothèses non réalistes.

5. Bibliographie

ADEKOUNTE F (1996), « Entreprises publiques béninoises: la descente aux enfers », Cotonou, éd le Flamboyant.

BELLO, A. R. (2003), « Cycles politico-économiques, Instabilité politique et Gestion budgétaire au Bénin: de 1970 à 2001 ». MEMOIRE DE DIPLOME D'ETUDES Approfondies (DEA) NPTCI.

Discours programme du 30 Novembre 1972.

Documents fondamentaux du premier congrès national ordinaire : appréciation des thèses du Parti. 13-18 Novembre 1979. Editions du comité central du Parti de la Révolution Populaire du Bénin.

Documents fondamentaux du premier congrès national ordinaire : résolutions et statuts. Novembre 1979. Editions du comité central du Parti de la Révolution Populaire du Bénin

DPDR (2000), "Déclaration de Politique de Développement Rural".

HANDORIA, Revue Politique du Comité Central du Parti de la Révolution Populaire du Bénin, première année N°2 du 31 décembre 1977

KINDOHO A. (1999), «Politique budgétaire et relance de l'économie nationale ». Mémoire de maîtrise, FASJEP/UNB, Bénin.

LDPDR (1991 et 1999), "Lettre de Déclaration de Politique de Développement Rural"

Loi N°82-008 du 30 Décembre 1982 régissant les rapports entre l'Etat, les Offices, les Sociétés d'Etat, les Sociétés d'économie mixte et celle dans lesquelles l'Etat a une prise de participation et fixant les modalités de gestion.

MAEP (2020), "Rapport de performances du secteur Agricole 2019-2020".

Oloukoï, L. (2016), "Politiques agricoles et compétitivité de l'agriculture au Bénin". Editions Universitaires Européennes. ISSN 978-3-639-50851-2.

Ordonnance n°1/PR/HCPT portant approbation du plan Quinquennal 1966-I970 de Développement Economique et Social de la République du Dahomey.

PNIA (2010), "Programme Prioritaire du Plan National d'Investissements Agricoles du Bénin". Ministère de l'agriculture, de l'Elevage et de la Pèche du Bénin. Mai 2010.

Pouch, T. (2002). « L'agriculture entre théorie et histoire ou qu'est-ce qu'une politique agricole? » Article paru dans Economie Appliquée, Tome LV N° 1, mars 2002.

PSDSA (2017), « Plan Stratégique de Développement du Secteur Agricole 2025 et Plan National d'Investissements Agricoles et de Sécurité Alimentaire et Nutritionnelle PNIASAN 2017 – 2021.

PSO (2000), "Plan Stratégique Opérationnel".

PSRSA (2011), "Plan Stratégique de Relance du secteur Agricole (PSRSA)-Bénin". Version finale. Août 2010. 112 pages.

ROUCHY, M. et M. PAQUIER (1974), « Les conditions d'installation d'entreprises industrielles dans les Etats africains et malgache associés". Dahomey. JUIN 1974. Commission Des Communautes Europeenne: Direction Generale Du Developpement Et De La Cooperation Direction des échanges commerciaux et du développement. 87 pages.

SCRP (2011), « Stratégie de Croissance et de Réduction de la Pauvreté » 2011-2015.

SDDR (2010), "Schéma Directeur de Développement Agricole et Rural".

STRANDSBJERG, C. (2005), « Continuité et rupture dans les représentations du pouvoir politique au Bénin entre 1972 et 2001 Le président Mathieu Kérékou. Du militaire-marxiste au démocrate-pasteur ». Éditions de l'EHESS « Cahiers d'études africaines » 2005/1 n° 177 | pages 71 à 94. ISSN 0008-0055. ISBN 2713220475

YAYA, H. S. (2005), « Des limites de l'État aux vertus du marché: effets de la privatisation sur la performance des entreprises publiques - une étude de cas multiples au Bénin ». Perspective Afrique. Vol. 1, No. 1 (Mai 2005), pp. 59-89.

www.ingramcontent.com/pod-product-compliance
Lightning Source LLC
Chambersburg PA
CBHW061839220326
41599CB00027B/5346